하나님의 사역 결혼문화

결혼문화 사역자 홍 인 환 목사 지음

통전치유

하나님의 사역 결혼문화

초판 1쇄 발행 | 2025년 09월 17일

지은이 | 홍인환
펴낸이 | 박한규
펴낸곳 | 통전치유

주소 | 경기도 남양주시 경춘로 979, 5F
전화 | 010-5697-7871
등록 | 제 2014-000028호

ⓒ홍인환 2025 ISBN 979-11-87218-12-8

하나님의 사역 결혼문화

영성결혼신학 :하나님의 사역 결혼문화

(창1:26-28, 딤전3:1-13, 계19:7-9, 시32:8,...)

26. 하나님이 이르시되 우리의 형상을 따라 우리의 모양대로 우리가 사람을 만들고 그들로 바다의 물고기와 하늘의 새와 가축과 온 땅과 땅에 기는 모든 것을 다스리게 하자 하시고 27. 하나님이 자기 형상 곧 하나님의 형상대로 사람을 창조하시되 남자와 여자를 창조하시고 28. 하나님이 그들에게 복을 주시며 하나님이 그들에게 이르시되 생육하고 번성하여 땅에 충만하라, 땅을 정복하라, 바다의 물고기와 하늘의 새와 땅에 움직이는 모든 생물을 다스리라 하시니라(창1:26-28)

1. 미쁘다 이 말이여, 곧 사람이 감독의 직분을 얻으려 함은 선한 일을 사모하는 것이라 함이로다 2. 그러므로 감독은 책망할 것이 없으며 한 아내의 남편이 되며 절제하며 신중하며 단정하며 나그네를 대접하며 가르치기를 잘하며 3. 술을 즐기지 아니하며 구타하지 아니하며 오직 관용하며 다투지 아니하며 돈을 사랑하지 아니하며 4. 자기 집을 잘 다스려 자녀들로 모든 공손함으로 복종하게 하는 자라야 할지며 5.(사람이 자기 집을 다스릴 줄 알

지 못하면 어찌 하나님의 교회를 돌보리요) 6. 새로 입교한 자도 말지니 교만하여져서 마귀를 정죄하는 그 정죄에 빠질까 함이요 7. 또한 외인에게서도 선한 증거를 얻은 자라야 할지니 비방과 마귀의 올무에 빠질까 염려하라 8. 이와 같이 집사들도 정중하고 일구이언을 하지 아니하고 술에 인박히지 아니하고 더러운 이를 탐하지 아니하고 9. 깨끗한 양심에 믿음의 비밀을 가진 자라야 할지니 10. 이에 이 사람들을 먼저 시험하여 보고 그 후에 책망할 것이 없으면 집사의 직분을 맡게 할 것이요 11. 여자들도 이와 같이 정숙하고 모함하지 아니하며 절제하며 모든 일에 충성된 자라야 할지니라 12. 집사들은 한 아내의 남편이 되어 자녀와 자기 집을 잘 다스리는 자일지니 13. 집사의 직분을 잘한 자들은 아름다운 지위와 그리스도 예수 안에 있는 믿음에 큰 담력을 얻느니라(딤전3:1-13)

7. 우리가 즐거워하고 크게 기뻐하며 그에게 영광을 돌리세 어린 양의 혼인 기약이 이르렀고 그의 아내가 자신을 준비하였으므로 8. 그에게 빛나고 깨끗한 세마포 옷을 입도록 허락하셨으니 이 세마포 옷은 성도들의 옳은 행실이로다 하더라 9. 천사가 내게 말하기를 기록하라 어린 양의 혼인 잔치에 청함을 받은 자들은 복이 있도다 하고 또 내게 말하되 이것은 하나님의 참되신 말씀이라 하기로(계19:7-9)

내가 네 갈 길을 가르쳐 보이고 너를 주목하여 훈계하리로다(시32:8)

프롤로그(prologue)

하나님의 사역 결혼문화라 함은 창조시대의 아담과 하와의 결혼을 시작으로 인류에게 하나님이 원하시는 피조물의 나라와 세상을 형성할 수 있게 하는 결혼문화 사역의 삶이 인류에게 첫 번째 사명으로 내려진 하나님의 지상명령을 말합니다.

이 지상명령은 하나님이 천지창조 하신 후에 하나님이 인류에 대한 창조목적을 이루시기 위한 것으로 창2:18, 창2:21-25, 창1:26-28절의 말씀에서와 같이 하나님은 하나님이 원하시는 피조물의 나라와 세상을 만드실 목적으로 인류의 결혼을 계획하신 것을 알 수 있습니다.

창2:18: 여호와 하나님이 이르시되 사람이 혼자 사는 것이 좋지 아니하니 내가 그를 위하여 돕는 배필을 지으리라 하시니라

창2:21: 여호와 하나님이 아담을 깊이 잠들게 하시니 잠들매 그가 그 갈빗대 하나를 취하고 살로 대신 채우시고 22: 여호와 하나님이 아담에게서 취하신 그 갈빗대로 여자를 만드시고 그를 아담에게로

이끌어 오시니 23: 아담이 이르되 이는 내 뼈 중의 뼈요 살 중의 살이라 이것을 남자에게서 취하였은즉 여자라 부르리라 하니라 24: 이러므로 남자가 부모를 떠나 그의 아내와 합하여 둘이 한 몸을 이룰지로다 25: 아담과 그의 아내 두 사람이 벌거벗었으나 부끄러워하지 아니하니라

창1:26: 하나님이 이르시되 우리의 형상을 따라 우리의 모양대로 우리가 사람을 만들고 그들로 바다의 물고기와 하늘의 새와 가축과 온 땅과 땅에 기는 모든 것을 다스리게 하자 하시고 27: 하나님이 자기 형상 곧 하나님의 형상대로 사람을 창조하시되 남자와 여자를 창조하시고 28: 하나님이 그들에게 복을 주시며 하나님이 그들에게 이르시되 생육하고 번성하여 땅에 충만하라, 땅을 정복하라, 바다의 물고기와 하늘의 새와 땅에 움직이는 모든 생물을 다스리라 하시니라

그런데 문제는 하나님이 원하시지 않은 창3:6절의 선악과 사건의 죄와 타락으로 하나님이 원하시는 가정이 깨지고, 창6:1-3절의 하나님의 아들들과 사람의 딸들과의 결혼사건의 죄와 타락으로 하나님이 원하시는 결혼이 깨지고, 창11:1-9절의 바벨탑 사건의 죄와 타락으로 하나님이 원하시는 사회적 공동체가 깨지게 됩니다.

창3:6: 여자가 그 나무를 본즉 먹음직도 하고 보암직도 하고 지혜롭게 할 만큼 탐스럽기도 한 나무인지라 여자가 그 열매를 따먹고 자기와 함께 있는 남편에게도 주매 그도 먹은지라

창6:1: 사람이 땅 위에 번성하기 시작할 때에 그들에게서 딸들이 나니 2: 하나님의 아들들이 사람의 딸들의 아름다움을 보고 자기들이 좋아하는 모든 여자를 아내로 삼는지라 3: 여호와께서 이르시되 나의 영이 영원히 사람과 함께 하지 아니하리니 이는 그들이 육신이 됨이라 그러나 그들의 날은 백이십 년이 되리라 하시니라

창11:1: 온 땅의 언어가 하나요 말이 하나였더라 2: 이에 그들이 동방으로 옮기다가 시날 평지를 만나 거기 거류하며 3: 서로 말하되 자, 벽돌을 만들어 견고히 굽자 하고 이에 벽돌로 돌을 대신하며 역청으로 진흙을 대신하고 4: 또 말하되 자, 성읍과 탑을 건설하여 그 탑 꼭대기를 하늘에 닿게 하여 우리 이름을 내고 온 지면에 흩어짐을 면하자 하였더니 5: 여호와께서 사람들이 건설하는 그 성읍과 탑을 보려고 내려오셨더라 6: 여호와께서 이르시되 이 무리가 한 족속이요 언어도 하나이므로 이같이 시작하였으니 이 후로는 그 하고자 하는 일을 막을 수 없으리로다 7: 자, 우리가 내려가서 거기서 그들의 언어를 혼잡하게 하여 그들이 서로 알아듣지 못하게 하자 하시고 8: 여호와께서 거기서 그들을 온 지면에 흩으셨으므로 그들이 그 도시를 건설하기를 그쳤더라 9: 그러므로 그 이름을 바벨이라 하니 이는 여호와께서 거기서 온 땅의 언어를 혼잡하게 하셨음이니라 여호와께서 거기서 그들을 온 지면에 흩으셨더라

그 결과 하나님은 이 세 가지 사건으로 인하여 하나님이 원하시는 결혼으로 이룬 하나님이 원하시는 가정들을 기준으로 하나님이 원하시는 사회적 공동체를 형성하여 하나님이 원하시는 피조물의 나라와 세상을 이루고자 구성하셨던 결혼문화 사역이 모

두 다! 무산되게 됩니다.

그래서 하나님은 창조시대를 구약시대로 하향 조정하시면서 창조시대의 결혼문화사역을 뒤로하고 타락한 인류 중에 이스라엘을 택하시고 성막(예배)과 제사와 율법을 중심으로 하는 삶과 생활로 하나님의 백성으로 거듭날 수 있는 예배문화 사역의 삶을 신12:5-7, 렘7:23절,..의 말씀에서와 같이 이스라엘 백성들에게 지상명령으로 주신 것을 알 수 있습니다.

> 신12:5: 오직 너희의 하나님 여호와께서 자기의 이름을 두시려고 너희 모든 지파 중에서 택하신 곳인 그 계실 곳으로 찾아 나아가서 6: 너희의 번제와 너희의 제물과 너희의 십일조와 너희 손의 거제와 너희의 서원제와 낙헌 예물과 너희 소와 양의 처음 난 것들을 너희는 그리로 가져다가 드리고 7: 거기 곧 너희의 하나님 여호와 앞에서 먹고 너희의 하나님 여호와께서 너희의 손으로 수고한 일에 복 주심으로 말미암아 너희와 너희의 가족이 즐거워할지니라

> 렘7:23: 오직 내가 이것을 그들에게 명령하여 이르기를 너희는 내 목소리를 들으라 그리하면 나는 너희 하나님이 되겠고 너희는 내 백성이 되리라 너희는 내가 명령한 모든 길로 걸어가라 그리하면 복을 받으리라 하였으나

그러나 이마저도 이스라엘 백성들의 어리석은 우상숭배와 불순종의 죄와 타락으로 하나님이 원하시는 백성을 중심으로 하나님이 원하시는 피조물의 나라와 세상을 이루고자 하셨던 구약시대

의, 하나님의 사역 예배문화가 무산되게 됩니다.

그 결과 하나님은 구약시대를 신약시대로 하향 조정하시면서 구약시대의 예배문화 사역을 뒤로하고 예수 그리스도를 중심으로 하는 구원 사역으로 모든 인류의 죄를 마20:28절의 말씀과 같이 대속하시면서 나의 죄를 회개하고 행16:31절의 말씀과 같이 예수를 믿고 구원받아 성령으로 거듭난 하나님의 사람들을 중심으로 주님과 같이 구원의 복음을 땅끝까지 이르러 증거하는 지상명령이 마28:19-20절에서와 같이 하나님의 사람들에게 주어진 것을 알 수 있습니다.

마20:28: 인자가 온 것은 섬김을 받으려 함이 아니라 도리어 섬기려 하고 자기 목숨을 많은 사람의 대속물로 주려 함이니라

행16:31: 이르되 주 예수를 믿으라 그리하면 너와 네 집이 구원을 받으리라 하고

마28:19: 그러므로 너희는 가서 모든 민족을 제자로 삼아 아버지와 아들과 성령의 이름으로 세례를 베풀고 20: 내가 너희에게 분부한 모든 것을 가르쳐 지키게 하라 볼지어다 내가 세상 끝날까지 너희와 항상 함께 있으리라 하시니라

그래서 성경을 보면 하나님이 시대별로 인류에게 세 가지 지상명령을 주신 것을 알 수 있습니다.

첫 번째: 창조시대의 지상명령은 창1:26-28, 창2:21-25절,..을 중심으로 하는 결혼입니다.
두 번째: 구약시대의 지상명령은 신12:5-7, 렘7:23절,..을 중심으로 하는 예배(성막)입니다.
세 번째: 신약시대의 지상명령은 행16:31, 마28:19-20절,..을 중심으로 하는 예수 그리스도의 구원과 전도입니다.

그런데 아쉬운 것은 한국교회의 청년들과 자녀들이 두 번째의 지상명령과 세 번째의 지상명령에 대한 영적인 신앙의식을 가지고 신앙의 삶과 생활을 하려고 하는 의지적인 모습을 볼 수 있는 반면에 첫 번째의 지상명령인 결혼에 대한 신앙의 의식을 가지고 영적인 결혼의 삶과 생활을 하고자 하는 의지적인 모습을 볼 수가 없다는 것입니다.

이것이 왜? 그런가! 봤더니 한국교회의 청년들과 자녀들이 하나님이 원하시는 결혼에 대하여 모르고 있었기 때문이라는 것을 알게 되었습니다.

그리고 이 사실은 이들만의 문제가 아니었습니다.

그 예로 지금 한국교회의 청년들과 자녀들에게 하나님이 원하시는 결혼에 대하여 알고 있느냐? 라는 질문을 하면 열이면 열! 백이면 백!,.... 모두 모른다고 말할 것입니다. 그 이유는 부모에게서 영적인 결혼에 대하여 신학적으로, 신앙적으로, 사역적으로 양육과 교육을 받아 본 적이 없기 때문입니다.

있다면 믿음을 더하여 자녀의 유익을 위한 결혼을 준비하게 하는 것뿐! 영적으로 하나님이 원하시는 결혼에 대해서는 무지한 상태입니다.

이것은 우리들의 부모 세대들도 마찬가지로 부모의 부모에게서도 동일하게 영적인 결혼에 대하여 신학적으로, 신앙적으로, 사역적으로 양육과 교육을 받아 본 적이 없기 때문에 지금의 부모님들도 자녀들에게 가르쳐 줄 수 있는 영적인 상황이 될 수가 없었던 것이었습니다.
그래서 한국교회의 청년들과 자녀들이 하나님이 원하시는 영적인 결혼에 대하여 모르고 있다는 것은 한국교회와 부모세대들도 마찬가지로 모르고 있다는 것을 반증해 주고 있는 것이라고 말할 수 있습니다. 그리고 이런 상황이 심각하게 느껴지는 것은 이것이 어제, 오늘의 이야기가 아니라 아주 오랫동안 세대와 세대를 거쳐 이어져 왔다는 것이고, 앞으로도 이러한 현실이 더 진행될 것으로 보여지기 때문입니다.

그렇기 때문에 우리는 이것이 결코 하나님이 원하시는 결혼과 그에 관련된 삶과 생활이 아니라는 것을 알 수 있습니다. 마치 하나님을 예배하는 사람이 이러면, 안돼!, 예수를 믿어 구원받고 성령 받은 사람이 이러면, 안돼! 라고 말할 수 있는 신앙에 대한 원칙과 기준을 가지고 있듯이 영적인 결혼에도 하나님이 원하시는 원칙과 기준이 있는데 이 원칙과 기준을 적용하며 논할 수 있는 영적인 결혼에 대한 지혜와 지식이 부모 세대와 자녀 세대들에게 없기 때문입니다.

그로 인하여 필자의 좁은 소견으로는 지금 우리가 하고 있는 결혼을 보면 하나님께서 인정해 주실 수 있는 결혼과 그에 관련된 삶과 생활들로 보여지지 않고 있습니다. 그것은 내게 향하신 하나님의 계획과 뜻을 알고 하나님이 원하시는 결혼으로 하나님이 원하시는 가정을 이루어 하나님이 결혼하게 하신 목적에 맞는 결혼과 그에 관련된 삶과 생활들이 보이지 않기 때문입니다.

이런 현실적인 신앙의 상황을 인정하고 싶지는 않지만 아쉽게도 인정할 수밖에 없는 것이 아담과 하와의 결혼으로 하나님이 원하시는 피조물의 나라와 세상을 만들고자 하나님이 준비하신 결혼문화 사역이 잊혀진 지상명령의 사역으로 우리들의 영적인 기억 속에 잠들어 있기 때문이 아닌가? 라는 생각을 지울 수가 없습니다.

이것은 창6:1-3절에 하나님의 아들들이 사람의 딸들과 결혼한 사건 이후부터 지금에 이르기까지 우리의 심령에 잊혀진 지상명령이 되어 하나님이 원하시는 영적인 결혼(거룩한 결혼관)이 아닌 자신들이 원하는 육적인 결혼(타락한 결혼관)을 지속적으로 해온 결과로 예상됩니다.

그러므로 딤후2:26, 엡5:14, 벧전5:8절의 말씀처럼 한국교회와 청년들과 자녀들이 하나님의 지상명령인 영적인 결혼을 깨닫고 육적인 결혼관에서 영적인 결혼관으로 거듭나서 깨어나는 것이 중요합니다.

딤후2:26: 그들로 깨어 마귀의 올무에서 벗어나 하나님께 사로잡힌 바 되어 그 뜻을 따르게 하실까 함이라

엡5:14: 그러므로 이르시기를 잠자는 자여 깨어서 죽은 자들 가운데서 일어나라 그리스도께서 너에게 비추이시리라 하셨느니라

벧전5:8: 근신하라 깨어라 너희 대적 마귀가 우는 사자 같이 두루 다니며 삼킬 자를 찾나니

왜냐하면 하나님은 지금도 결혼으로 하나님이 원하시는 피조물의 나라와 세상을 이루고자 하신 하나님의 계획과 뜻이 변함이 없기 때문입니다.

그러므로 이 책을 통해서 전하고자 하는 하나님의 메시지는 두 번째: 예배에 대한 지상명령과, 세 번째: 구원에 대한 지상명령에 대한 신앙의 의식을 가지고 순종하고자 하는 것 같이, 첫 번째로 인류에게 지상명령으로 주어진 결혼문화 사역을 영적으로 이해하고 하나님이 결혼을 만드신 목적에 맞는 결혼으로 하나님이 원하시는 피조물의 나라와 세상을 이루기 위한 피조물의 본분을 가지고 하나님의 뜻대로 순종해야 하는 결혼과 그에 관련된 삶과 생활에 대한 내용입니다.

필자는 이 책의 내용을 통해서 전하고자 하는 메시지가 다 옳고 맞다! 라고 생각하지는 않습니다. 앞으로 더 나은 하나님의 결혼문화 사역자가 나오기를 희망하고 있기 때문입니다.

다만 바라는 것이 있다면,…

하나님이 원하시는 영적인 결혼으로 하나님이 원하시는 가정을 이루고 싶어 하는 한국교회의 청년들과 자녀들이 성경에서 말하고 있는 결혼에 대한 지상명령을 깨닫고 결혼을 "나의 입장에서가 아닌 하나님의 입장"에서 하나님이 결혼을 만드신 목적에 맞게 영적으로 결혼을 이해하고 인식하여 하나님이 원하시는 결혼과 관련된 삶과 생활을 하는데 있어서 도움이 되기를 바랄 뿐입니다.

목 차

프롤로그(prologue) · 6

I. 서론 · 19

1. 하나님의 사역 결혼문화 책을 쓰게 된 동기 · 19
2. 하나님이 원하시는 결혼에 대한 이해와 인식 · 24

   1) 성경에서 말하고 있는 결혼은 · 25
   2) 어느 청년의 결혼 · 27
   3) 신학적, 신앙적, 사역적인 영적인 지혜와 지식 필요 · 28
   4) 지상명령 · 34
   5) 창세기 2장 · 46
   6) 구약이 만들어진 이유 · 56
   7) 신앙생활의 유형 · 61
   8) 불균형성장 · 69

Ⅱ. 본론 · 74

1. 결혼의 정립 · 74
   1) 하나님 사람의 정의 · 82
   2) 결혼의 정의 · 84
   3) 돕는 배필의 정의 · 87
   4) 부부의 정의 · 90
   5) 부모의 정의 · 92
   6) 조부모의 정의 · 95
   7) 자녀의 정의 · 100
   8) 하나님의 자녀의 정의 · 103
   9) 피조물의 정의 · 105

2. 결혼의 과정 · 109
   1) 단계별 성장 · 110
   2) 결혼의 과정 · 113
   3) 하나님의 사람의 과정 · 114
   4) 돕는 배필의 과정 · 115
   5) 결혼의 과정 · 118
   6) 부부의 과정 · 121
   7) 부모의 과정 · 137
   8) 조부모의 과정 · 150
   9) 자녀의 과정 · 159
   10) 하나님의 자녀의 과정 · 190

Ⅲ. 결론 · 207

1 성경에서 말하고 있는 하나님의 사역 결혼문화에 대하여 듣고 알아야 합니다. · 207
　1) 성경에서 말하고 있는 결혼에 대하여 모르고 있기 때문입니다. · 207
　2) 영적인 결혼관은 없고 육적인 결혼관을 가지고 있기 때문입니다. · 208
　3) 결혼으로 받을 수 있는 복에 대하여 모르고 있기 때문입니다. · 213
　4) 결혼이 하나님의 첫 번째 지상명령인 것을 모르고 있기 때문입니다. · 215
　5) 우리가 받을 심판에 결혼에 대한 신앙의 심판이 있기 때문입니다. · 216

2. 결혼의 문제점 · 218
　1) 잘못된 결혼관 · 219
　2) 부부싸움 · 221
　3) 결혼과 가족문화 · 233
　4) 삼포자(삼포세대) ~ 십포자(십포세대) · 237

에필로그(epilogue) · 241

I. 서 론

1. 하나님의 사역 결혼문화 책을 쓰게 된 동기

필자는 원래 하나님의 결혼문화사역자가 아닌 청년문화사역자로서 예수님의 리더십을 중심으로 청년 사역에 비전을 가지고 청년 사역을 위한 신학을 공부하며 청년 사역을 준비하고자 했던 사역자였습니다.

이것은 필자가 20세 때 하나님께서 "내 발길 머무는 곳에 내 뜻이 있게 하리니 내 이름을 영화롭게 하라", "너는 내게 기도하라! 내가 네 기도를 들으리라", "내가 있는 곳은 내가 인도 하리니 가라", 라고 들려주신 말씀들과 함께 시32:8절의 말씀을 주시면서 깨닫게 하시기를 지금은 이 내용이 무엇을 의미하는지는 모르겠지만 하나님께서 나를 주목하여 훈련 시키셔서 쓰시고자 하시는 계획이 있으신 건가? 하는 생각으로 예상하며 막연한 마음의 준비를 하게 하셨습니다.

시32:8: 내가 네 갈 길을 가르쳐 보이고 너를 주목하여 훈계하리로다 이후 하나님은 필자에게 일대일의 만남으로 말씀과 기도와 찬양으로 훈련시키시는 과정 가운데 영적인 믿음이 성장하게 되면서 하나님의 인도하심으로 청년선교회 사역의 필요한 섬김의 사역으로 12년가량 활동을 하게 됩니다.

이때 필자는 이전의 개인적인 신앙성장에서 영적인 공동체사역의 신앙성장에 중요한 관계사역의 훈련을 신8:2절의 말씀처럼 받게 되는 것을 모르고 아직 인격적인 면에서 영적으로 부족했던 공동체 사역에 대한 믿음과 신앙의 사춘기로 인하여 불순종과 깨달음을 반복하는 과정에서 청년사역에 대한 애착과 비전을 가지게 되는 것을 알게 되었습니다.

> 신8:2: 네 하나님 여호와께서 이 사십 년 동안에 네게 광야 길을 걷게 하신 것을 기억하라 이는 너를 낮추시며 너를 시험하사 네 마음이 어떠한지 그 명령을 지키는지 지키지 않는지 알려 하심이라

그리고 이것이 하나님께서 청년들을 아끼고 사랑하시는 마음으로 이어지면서 자연스럽게 필자의 신앙에 청년사역이 사명화가 되어 신학을 하는 과정에서 하나님이 원하시는 결혼문화사역에 대한 강한 깨달음과 섭리와 인도하심의 상황이 나타나게 되면서 '아! 결혼사역도 청년사역에 일환으로 준비하라고 하시는가 보다'라는 마음을 갖게 되었습니다.

그러나 하나님께서 필자에게 결혼에 대한 하나님의 마음과 깨닫게 하시는 내용들을 통해서 청년사역이 아닌 결혼문화 사역이 사명인 것을 39세 때 분명히 알게 되었습니다.

처음에는 필자도 영적인 결혼관에 대한 지혜와 지식이 무지하여 이해와 인식이 부족한 상태에서 하나님이 원하시는 결혼과 결혼에 관련된 삶과 생활에 대한 메시지가 오면 이해가 안 되거나 혼란스러워 힘들고 어려워했던 기억들이 납니다.

그 이유는 가정(부모)에서, 교회에서, 이웃에게서 하나님이 원하시는 영적인 결혼에 대하여 접해본 적이 없는 내용들이 많았기 때문이었습니다.

그래서 하나님이 원하시는 영적인 결혼과 그에 관련된 내용들의 말씀들과 생각들이 오면 잘 이해가 되지 않아 밀리지 않는 벽을 밀고 가는 것 같은 가슴앓이 하는 시간이 많았습니다.

그러면서 이것이 시간이 흘러 누적이 되고 양이 많아지고 쌓이게 되면서 놀랍게도 보이지 않았던 하나님이 원하시는 결혼문화 사역에 대한 깨달음들이 퍼즐 조각이 한 조각, 한 조각 맞춰지는 것처럼 하나님이 원하시는 결혼문화 사역의 윤곽이 보여지면서 하나님의 사역 결혼문화를 영적으로 이해할 수 있었습니다.

그리고 이것이 감사하게도 하나님이 결혼문화 사역에 대하여 주신 말씀들과 생각들이 도미노 현상과 같이 순차적으로 깨닫게 되었습니다.

창1:26-28절의 말씀과 같이 하나님은 인류를 창조하시면서 하나님이 원하시는 영적인 결혼과 그에 관련된 삶과 생활들을 통하여 하나님께서 이루고자 하시는 결혼문화(하나님이 원하시는 피조물의 나라와 세상)의 세상이 있었는데, 이것이 인류를 창조하신 하나님의 뜻대로 진행되는 것이 아니라 창6:1-3절의 말씀처럼 피조물인 사람들의 뜻대로 진행되고 있는 것을 알게 되었습니다.

> 창1:26: 하나님이 이르시되 우리의 형상을 따라 우리의 모양대로 우리가 사람을 만들고 그들로 바다의 물고기와 하늘의 새와 가축과 온 땅과 땅에 기는 모든 것을 다스리게 하자 하시고 27: 하나님이 자기 형상 곧 하나님의 형상대로 사람을 창조하시되 남자와 여자를 창조하시고 28: 하나님이 그들에게 복을 주시며 하나님이 그들에게 이르시되 생육하고 번성하여 땅에 충만하라, 땅을 정복하라, 바다의 물고기와 하늘의 새와 땅에 움직이는 모든 생물을 다스리라 하시니라

> 창6:1: 사람이 땅 위에 번성하기 시작할 때에 그들에게서 딸들이 나니 2: 하나님의 아들들이 사람의 딸들의 아름다움을 보고 자기들이 좋아하는 모든 여자를 아내로 삼는지라 3: 여호와께서 이르시되 나의 영이 영원히 사람과 함께 하지 아니하리니 이는 그들이 육신이 됨이라 그러나 그들의 날은 백이십 년이 되리라 하시니라

그래서 창6:1-3절의 말씀을 보면 하나님의 사람들이 하나님이 원하시는 결혼이 아닌 자신들을 위한 선택과 결정으로 사람들의 딸들과 결혼하므로 하나님이 진노하사 하나님의 영이 하나님의 사람들에게서 떠나시게 됩니다.

그 이유가 하나님이 원하시는 "영적인 결혼"이 아닌 "육적인 결혼"이었기 때문입니다. 이것은 신학적 표현이고, 이것을 신앙적

인 표현으로 하면 영적인 결혼은 "거룩한 결혼"이며, 육적인 결혼은 피조물의 본분에서 벗어난 "타락한 결혼"으로 하나님이 원하시는 영적으로 거룩한 피조물의 나라와 세상을 이룰 수 없게 되었기 때문입니다.

그런데 문제는 이 타락한 결혼이 오늘날까지 이어져 왔다는 것이고, 더 큰 문제는 이것이 교회 안에서도 진행되어 왔다는 것이며 앞으로도 계속 진행될 것 같다는 것입니다.

이러한 충격적인 내용에 대한 영적인 결혼의 심각성을 깨닫게 되면서 필자는 영성결혼에 대한 하나님의 뜻에 맞는 "결혼문화사역"의 전도의 중요성과 시급함을 알게 되었습니다.

이런 필자의 마음을 아셨는지 하나님은 결혼으로 하나님이 원하시는 피조물의 나라와 세상을 만들고자 하신 영적인 하나님의 사역 결혼문화에 대한 내용을 책으로 전하고자 하는 마음을 주셨기에 서툴고 부족하지만 하나님의 사역 결혼문화에 대한 책을 쓰게 되는 동기가 되어 여러분들 앞에 서게 되었습니다.

그러므로 이 책을 읽는 독자 여러분들에게 드리는 부탁의 말씀은 "하나님의 결혼문화 사역"의 책을 통해서 결혼을 나의 입장이 아닌 "하나님의 입장"에서 이해하시고 하나님이 원하시는 결혼으로 존귀한 하나님의 결혼문화사역자가 되시기를 간절히 기도하며 소망합니다.

2. 하나님이 원하시는 결혼에 대한 이해와 인식

오늘날 한국교회의 청년들과 자녀들 중에 하나님이 원하시는 결혼을 하고 싶어 하는 이들이 있는데 하나님이 원하시는 결혼과 그와 관련된 삶과 생활들에 대하여 몰라서 어려움을 겪고 있는 것을 알게 되었습니다.

그래서 이것이 왜 그런가? 생각해보니 하나님이 원하시는 결혼에 대하여 신학적으로, 신앙적으로, 사역적으로 잘 정립되어질 수 있는 양육이나 교육을 받아 본 적이 없었기 때문에 하나님이 원하시는 결혼을 하고 싶은 믿음은 있지만, 사실상 영적으로 하나님이 원하시는 결혼에 대한 영적인 지혜와 지식이 없어 하나님이 원하시는 결혼을 하고 싶어도 몰라서 할 수 없는 영적인 상황이 오늘의 기독교 결혼문화의 현실이라는 것을 알 수 있었습니다.

그리고 이것은 비록 오늘날의 청년들만의 문제가 아니었습니다.

지난날 필자의 청년시절 때도 하나님이 원하시는 결혼에 대한 이해와 인식이 안 된 상태에서 이와 같은 결혼이 세대를 거쳐 진행되어 왔기 때문입니다.

그러므로 지금 하나님이 원하시는 결혼을 하고 싶어 하는 한국교회의 청년들과 자녀들에게 필요한 것은 성경에서 말하고 있는 하나님이 원하시는 '영적인 결혼'에 대하여 알려고 하는 노력과 의지가 필요합니다. 그래서 하나님이 원하시는 결혼과 하나님이 원하시지 않는 결혼의 차이를 알고 하나님의 뜻대로 결혼할 수 있는 영적인 지혜와 지식을 기반으로 하는 결혼에 대한 전반적인 이해와 인식이 선행되어야 함을 알아야 합니다.

1) 성경에서 말하고 있는 결혼은

성경은 결혼을 두 가지로 나누어 말하고 있습니다.
첫 번째는 창1:26-28, 창2:20-25절에 나오는 아담과 하와가 하는 결혼이고, 두 번째는 창6:1-3절에 나오는 하나님의 아들들과 사람의 딸들이 하는 결혼입니다.

이 두 결혼을 살펴보면 아담과 하와가 한 결혼에는 "하나님의 영이 함께 지속"되면서 영적인 결혼으로 구분되고 하나님의 아들들과 사람의 딸들이 한 결혼은 "하나님이 영이 떠나면서" 육적인 결혼으로 구분됩니다.

이것은 신학적 개념이고,
이것을 신앙적 개념으로 표현한다면 영적인 결혼은 거룩한 결혼으로 말할 수 있으며, 육적인 결혼은 타락한 결혼으로 말할 수 있습니다.

이 두 가지 결혼의 차이를 보면,
거룩한 결혼을 나타내는 영적인 결혼은 하나님이 원하시고 계획하신 뜻대로 한 결혼을 의미하고, 타락한 결혼을 나타내는 육적인 결혼은 하나님의 뜻이 아닌 나의 계획과 뜻을 위한 결혼을 의미합니다.

그런데 문제는 이 타락한 결혼, 즉 육적인 결혼이 하나님의 아들들과 사람의 딸들의 결혼 사건이후 오늘날 지금에 이르기까지 이어져 왔다는 것이고, 더! 큰 문제는 이와 같은 결혼이 교회 안에서도 진행 되어왔다는 것입니다.

다른 것이 있다면 예수님을 믿는 믿음이 있다는 것 외에, 세상과 똑같은 기준과 바람을 가지고 하나님의 뜻을 구하지 않고 내가 원하고, 내가 좋아하는 결혼을 하므로 사실상 하나님의 뜻과 무관한 결혼을 하는 모습들을 종종 볼 수 있기 때문입니다.

그리고 필자의 마음을 더 어렵고 힘들게 하는 것이 있는데, 그것은 앞으로도 이러한 결혼이 더 지속될 것 같다는 것입니다.

그 이유는 앞에서도 전한 바와 같이 한국교회의 청년들과 자녀들이 예수 그리스도에 대한 믿음은 있지만, 하나님이 원하시는 결혼에 대하여 신학적으로, 신앙적으로, 사역적으로 이해와 인식이 되어 있지 않아 삿17:6절의 말씀처럼 '믿음 + 영적'이 아닌, '믿음 + 내 소견'에 옳은 대로 하고 있기 때문입니다.

> 삿17:6: 그 때에는 이스라엘에 왕이 없었으므로 사람마다 자기 소견에 옳은 대로 행하였더라

그렇다면! 지금 여러분들이 계획하고 준비하고 있는 결혼은 어떤 결혼입니까?

우리가 하나님의 사람으로서 하나님이 원하시는 결혼을 하고자

한다면 성경에서 말하고 있는 하나님이 원하시는 영적인 결혼과 하나님이 원하시지 않는 육적인 결혼에 대하여 분명히 알아야 할 것입니다.

2) 어느 청년의 결혼

얼마 전에 결혼을 앞둔 한 청년에게 결혼 상담을 주 7회 한 적이 있습니다. 이 청년은 하나님의 사역 결혼문화에 대하여 몰라서 결혼과 돕는 배필에 대하여, 남편과 아내의 역할에 대하여, 자녀양육과 부모에 대하여,.. 등등 상담을 나눈 후에 청년은 결혼하였습니다. 그리고 3개월 뒤에 청년과의 만남을 갖게 되면서 두 가지 질문을 하였습니다.

필자: 결혼을 하고 나니까 결혼 전보다 뭐가 좋아졌어?
청년: 예, 헤어지지 않는 거요! 끝까지 함께 할 수 있는 거요! 이것이 좋아졌어요!
필자: 그래! 잘됐구나. 그러면 "하나님은 두 사람을 결혼시키시고, 난 후에 무엇이 좋아지셨지?"
청년: 음,......(할 말 없이 웃는다)

청년은 필자의 질문에 음,..하고 잠시 생각을 하더니 아무런 대답을 하지 못했습니다.

왜냐하면? 하나님을 위한 결혼의 생각을 해보지 않았기 때문입니다. 그러므로 청년의 모습에서 하나님을 위한 결혼의 마음이 없었다는 것을 알 수 있었습니다.

이 청년은 특별한 청년이 아닌 일반적인 청년이었습니다. 모태신앙으로 태어나서 유, 초, 중, 고, 대학부를 나와 청년부 예배를 드리면서 교회학교 교사로 교회를 섬기는 청년으로서, 청년부에서 짝을 만나 결혼을 하게 된 청년입니다.

그러므로 나름 하나님이 원하시는 결혼을 하고 싶어 하는 신앙으로 배우자에 대한 기도를 하며 하나님의 응답을 구하는 일반적인 청년이었습니다. 그래서 이 청년은 필자에게 말하기를,....

"하나님이 우리의 만남을 인도해 주셨어요"! "저의 기도를 하나님께서 응답해 주셨어요" "우리가 결혼하는 것은 하나님의 뜻이에요"!,... 등등 결혼에 대한 확신을 가지고 말을 했습니다.

그런데 아쉬운 것은 청년이 원하는 하나님의 결혼에 대해서는 확신 있게 대답할 수 있었지만, 청년에게서 원하시는 하나님의 결혼에 대해서는 답을 하지 못한다는 것입니다.

그리고 이것이 단적인 예지만, 이 청년의 모습이 오늘날 한국교회의 청년들과 자녀들의 모습이라는 것입니다.

그러므로 앞으로 이제는 하나님이 내게 원하시는 영적인 결혼을 알고 나의 뜻이 아닌 하나님의 뜻대로 결혼을 한 후에 하나님께서 더 좋아하시고 기뻐하실 수 있게 할 수 있는 한국교회의 청년들과 자녀들이 되기를 기도합니다.

3) 신학적, 신앙적, 사역적인 영적인 지혜와 지식 필요

성경에서 말하고 있는 결혼에 대하여 신학적으로, 신앙적으로,

사역적으로 이해하고 인지하면 하나님이 원하시는 결혼이 무엇인지 알 수 있게 됩니다. 이러한 내용들로 영적인 결혼에 대하여 이해하고 인지하여 결혼에 대한 영적인 지혜와 지식을 갖추게 된다면 하나님이 원하시는 결혼과 가정을 이룰 수 있는 영적인 의식을 가질 수 있기 때문입니다.

그러므로 한국교회의 청년들과 자녀들은 하나님이 원하시는 결혼을 하기 위해서는 반드시 영적으로 결혼이 무엇인지를 알아야 합니다. 왜냐하면 지금 한국교회의 청년들과 자녀들이 알고, 하고 있는 결혼은 창1:26-28절에 나타내고 있는 하나님을 위한 영적인 결혼이 아닌 창6:1-3절에서 말하고 있는 육적으로 타락한 나의 유익을 구하는 결혼을 하고 있기 때문입니다.

이것은 하나님이 원하시지 않는 타락한 결혼인 것을 모르고 기독교식으로 결혼을 한다고 해서 타락한 결혼이 거룩한 결혼이 될 수 없는 것처럼,……
영적인 결혼과 육적인 결혼 그리고 거룩한 결혼과 타락한 결혼의 차이를 분명히 알고 영적으로 하나님이 원하시는 거룩한 결혼을 준비하며 할 수 있는 신앙의 능력을 갖추어야 합니다.

그렇지 않으면 하나님이 원하시는 결혼과 그에 관련된 삶과 생활들을 하나님의 뜻대로 하기가 어렵기 때문입니다.

그 이유에는 여러 가지가 있겠지만 그중에 가장 주의할 것은 지금도 아담과 하와에게 선악과로 유혹한 들짐승인 뱀(창3:1-6)이 그와 함께하는 세력들과 함께 하나님이 원하시는 결혼을 하지 못하도록 계12:9절의 말씀처럼 간교하게 유혹하며 꾀하여 요13:2절의 말씀에서와 같이 하나님이 원하시는 결혼이 아닌 자신들이 원하는 결혼을 하게 하는 생각을 넣게 되면 엡2:2절의 말씀처럼 세상풍조를 따라 청년들이 열이면 열, 백이면 백,,,... 모두 하나님이 원하시는 결혼이 아닌 세상이 원하는 결혼을 주도적으로 하게 될 가능성이 높기 때문입니다.

> 계12:9: 큰 용이 내쫓기니 옛 뱀 곧 마귀라고도 하고 사탄이라고도 하며 온 천하를 꾀는 자라 그가 땅으로 내쫓기니 그의 사자들도 그와 함께 내쫓기니라

> 요13:2: 마귀가 벌써 시몬의 아들 가룟 유다의 마음에 예수를 팔려는 생각을 넣었더라

> 엡2:2: 그 때에 너희는 그 가운데서 행하여 이 세상 풍조를 따르고 공중의 권세 잡은 자를 따랐으니 곧 지금 불순종의 아들들 가운데서 역사하는 영이라

그래서 한국교회의 청년들과 자녀들에게 하나님이 원하시는 영적인 결혼을 할 수 있게 하기 위해서는 반드시 성령으로 거듭난(요3:5) 영적인 결혼관에 대한 성경적인 지혜와 지식을 갖추도록 하는 것이 중요합니다.

내가 하나님이 원하시는 결혼을 하고 싶다 해도 영적인 결혼에 대하여 또는 하나님이 원하시는 결혼에 대하여 신학적으로, 신앙적으로, 사역적으로 정립이 되어 있지 않는다면 사1:12절의 말씀

과 같이 마당만 밟을 뿐 하나님이 원하시는 결혼과 하나님이 원하시는 가정으로 인정받을 수 있는 삶과 생활을 이루어 가기가 어렵기 때문입니다.

> 사1:12: 너희가 내 앞에 보이러 오니 이것을 누가 너희에게 요구하였느냐 내 마당만 밟을 뿐이니라

(1) 결혼에 대한 신학적 정의

결혼은 창1:26-28절의 말씀에서 알 수 있듯이 하나님이 피조물인 인류를 위하여 만드신 것이 아니라, "창조목적을 이루기 위한 피조물에 대한 계획" 또는 "하나님의 계획을 이루기 위한 피조물에 대한 계획"으로 하나님께서 하나님이 원하시는 피조물의 나라와 세상을 위하여 만드신 것을 알 수 있습니다.

> 창1:26: 하나님이 이르시되 우리의 형상을 따라 우리의 모양대로 우리가 사람을 만들고 그들로 바다의 물고기와 하늘의 새와 가축과 온 땅과 땅에 기는 모든 것을 다스리게 하자 하시고 27: 하나님이 자기 형상 곧 하나님의 형상대로 사람을 창조하시되 남자와 여자를 창조하시고 28: 하나님이 그들에게 복을 주시며 하나님이 그들에게 이르시되 생육하고 번성하여 땅에 충만하라, 땅을 정복하라, 바다의 물고기와 하늘의 새와 땅에 움직이는 모든 생물을 다스리라 하시니라

그러므로 결혼에는 하나님을 위한 예배의 목적과 같이 하나님을 위한 결혼의 목적이 분명히 있어야 합니다. 왜냐하면 우리가 하나님께 예배드리는 것처럼 결혼도 내가 하는 것이지만, 하나님

의 영광을 위해서 해야 하는 것이기 때문입니다. 이것은 결혼으로 하나님이 원하시는 피조물의 나라와 세상을 완성하시고자 하시는 하나님의 계획으로서 피조물인 인류가 감당해야 하는 사명으로 주어진 피조물의 본분이기 때문입니다.

(2) 결혼에 대한 신앙적 정의

결혼에 대한 신앙의 삶과 생활은 창1:26-28절의 말씀에서 알 수 있듯이 하나님이 원하시는 결혼으로 하나님이 원하시는 가정을 이루어 하나님이 원하시는 피조물의 나라와 세상을 이루어 가는 삶을 말합니다.
이것은 인류의 결혼목적이 하나님이 원하시는 피조물의 나라와 세상을 이루시기 위한 것으로 만들어졌기 때문입니다.

그러므로 신앙의 삶에 있어서 중요한 것은 신6:5, 마6:33절,.... 등의 말씀처럼 하나님이 결혼을 만드신 목적에 맞는 피조물의 의식을 가지고 하나님이 원하시는 피조물의 나라와 세상을 이루고자 하신 결혼과 관련된 삶과 생활에 대하여 알고 하나님이 원하시는 뜻대로 순종하며 살아가고자 하는 영적인 신앙의 의지가 있어야 한다는 것입니다.

> 신6:5: 너는 마음을 다하고 뜻을 다하고 힘을 다하여 네 하나님 여호와를 사랑하라

> 마6:33: 그런즉 너희는 먼저 그의 나라와 그의 의를 구하라 그리하면 이 모든 것을 너희에게 더하시리라

왜냐하면 결혼에 대한 하나님의 의로 하나님이 원하시는 피조물의 나라와 세상의 의를 하나님의 뜻대로 나타내는 삶과 생활이 결혼에 대한 신앙의 삶과 생활이기 때문입니다.

(3) 결혼에 대한 사역적 정의

결혼에 대한 사역적 정의는 창1:26-28절에서 알 수 있듯이 하나님의 결혼문화사역을 위하여 창조된 인류가 하나님이 원하시는 결혼으로 하나님이 원하시는 가정을 이루어 하나님이 원하시는 피조물의 나라와 세상을 이루기 위하여 주어진 사명을 감당해야 하는 사역을 말합니다.

이것은 창1: 4, 10, 12, 18, 21, 25, 31절에서 하나님이 창조하신 피조물들이 하나님의 창조목적에 대한 하나님의 의중을 알고 고전4:2절의 말씀같이 하나님의 뜻대로 "하나님이 보시기에 좋았더라," "심히 보시기에 좋았더라!"라고 하나님께서 만족 또는 그 이상의 만족감을 표현하시는 것처럼 피조물의 본분과 사명을 다하여 하나님의 마음을 기쁘시게 해드리고자 열심을 다하는 피조물들의 모습이 되어야 합니다.

고전4:2: 그리고 맡은 자들에게 구할 것은 충성이니라

이와같이 결혼으로 하나님이 원하시는 피조물의 나라와 세상을 이루어야 하는 결혼사역에 있어서도 "하나님이 보시기에 좋았더라! 심히 보시기에 좋았더라!" 하실 수 있는 결과를 나타낼 수 있는 결혼문화 사역으로 열심을 낼 수 있어야 한다는 것입니다.

이것은 눅24:26, 약2:22, 마25:21절..등의 말씀처럼 예수 그리스도의 십자가 사역과 같이 행함 있는 믿음으로 때로는 희생과 헌신이 요구되는 것이지만 중요한 것은 이 모든 것이 '나를 위한 하나님의 복을 받게 하기 위한 것'으로 하나님이 예비하신 결혼 복음에 대한 십자가 사역이기 때문입니다.

> 눅24:26: 그리스도가 이런 고난을 받고 자기의 영광에 들어가야 할 것이 아니냐 하시고

> 약2:22: 네가 보거니와 믿음이 그의 행함과 함께 일하고 행함으로 믿음이 온전하게 되었느니라

> 마25:21: 그 주인이 이르되 잘하였도다 착하고 충성된 종아 네가 적은 일에 충성하였으매 내가 많은 것을 네게 맡기리니 네 주인의 즐거움에 참여할지어다 하고

4) 지상명령

한국교회는 예배에 대한 지상명령(구약시대)과 전도에 대한 지상명령(신약시대)은 성도들에게 가르쳤으나 창조시대의 결혼에 대한 지상명령은 가르치지 않았습니다. 그 결과 하나님이 원하시는 지상명령에 대한 결혼과 그에 관련된 신앙의 삶과 생활(인생)을 알지 못해서 하나님이 원하시는 결혼의 삶을 살아갈 수 없는 상황에 이르게 된 것이 오늘날의 현실입니다.

하나님은 '창조시대' 때 천지창조 하신 후에 하나님의 창조목적에 대한 피조물의 계획과 뜻을 이루시기 위하여 하나님은 당신의 피조물인 하나님의 사람들에게 지상명령을 내리십니다. 이 지상명령은 성경에서 말하고 있는 창조시대와 구약시대 그리고 신약시대 세 번에 걸쳐 주어지게 됩니다. 창조시대는 하나님의 사역 결혼문화(창1:26-28)로, 구약시대는 하나님의 사역 성막(예배) 문화(신12:5)로, 신약시대는 예수님의 사역 구원문화(마28:20, 행1:8, 행16:31)로 지상명령이 주어집니다.

이 지상명령은 시대의 상황에 따라 주제와 내용은 다르지만, 하나님이 원하시는 피조물의 나라와 세상을 만들기 위한 목적으로 만들어진 것은 같습니다.
그래서 하나님은 시대는 달라도 하나님의 사람들에게 하나님의 뜻대로 행할 것을 요구하고 계십니다(마7:21).

> 마7:21: 나더러 주여 주여 하는 자마다 다 천국에 들어갈 것이 아니요 다만 하늘에 계신 내 아버지의 뜻대로 행하는 자라야 들어가리라

문제는 한국교회가 성경에서 말하고 있는 지상명령 두 번째, 세 번째에 대하여 인지하고 성도들에게 가르치고는 있지만, 아쉽게도 첫 번째 지상명령인 하나님의 사역 결혼문화에 대해서는 가르쳐주지 않아서 성도들과 청년들이 하나님이 원하시는 영적인 결혼으로 하나님이 원하시는 영적인 가정을 이루는 것에 대하여 몰라서 하나님이 원하시는 영적인 결혼이 아닌, 원하시지 않는 육적인 결혼과 가정을 이루면서 하나님이 원하시는 영적인 결혼문화가 아닌 육적인 결혼문화의 삶과 생활을 하고 있다는 것입니다.

물론 하나님의 사역 결혼문화는 교회 담임목사님 보다는 가정에서 부모님이 가르쳐야 할 영역이지만 인류에게 주어진 첫 번째 지상명령에 대하여 교회에서 잘 가르치고 있는 성막(예배)중심적인 신앙생활과 예수 그리스도의 구원을 중심으로 하는 영혼 구원의 전도사역과 같이 영적인 결혼으로 하나님의 가정을 이루어 하나님이 원하시는 영적인 사회적 분위기를 조성하여 인류 모두가 하나님을 예배하는 영적인 문화로 거듭날 수 있도록 해야 하는 공동사역(가정과 교회와 사회)에 있어서 하나님의 사역 결혼문화가 가지고 있는 중요성을 인지하고 첫 번째, 지상명령으로 하나님께서 정하심에 대한 사명감을 고취(鼓吹)시켜야 할 것입니다.

첫 번째 지상명령, 하나님의 사역 결혼문화

하나님의 사역 결혼문화라 함은 하나님의 사역과 결혼문화로 나누어지는데 먼저 하나님 사역의 의미는 결혼은 하나님이 하나님을 위하여 만드신 일로서 피조물인 인류에게 "사명"으로 주어진 하나님의 일을 말하며, 결혼문화는 하나님의 사람들이 하나님이 원하시는 영적인 결혼을 지속적으로 하여 "하나님이 원하시는 이웃과 민족을 형성하여 하나님이 원하시는 피조물의 나라와 세상을 이룰 수 있게 하는 영적인 사회적 기반"을 말합니다.

> 창1:26: 하나님이 이르시되 우리의 형상을 따라 우리의 모양대로 우리가 사람을 만들고 그들로 바다의 물고기와 하늘의 새와 가축과 온 땅과 땅에 기는 모든 것을 다스리게 하자 하시고 27: 하나님이 자기 형상 곧 하나님의 형상대로 사람을 창조하시되 남자와 여자를 창조하시고 28: 하나님이 그들에게 복을 주시며 하나님이 그들에게

이르시되 생육하고 번성하여 땅에 충만하라, 땅을 정복하라, 바다의 물고기와 하늘의 새와 땅에 움직이는 모든 생물을 다스리라 하시니라

하나님은 천지를 창조하시고 창조목적인 하나님의 영광을 위하여 하나님이 원하시는 피조물의 나라와 세상을 만들고자 하셨습니다. 그래서 하나님은 하나님의 사람들을 중심으로 하는 결혼의 계획을 세우시고 앞으로 많아질 하나님의 사람들로 하나님이 원하시는 인류를 세상에 설정하시고 하나님의 사역 결혼문화를 아담과 하와의 결혼을 시작으로 진행하셨습니다.

그리고 하나님은 아담과 하와의 결혼을 시작으로 하나님이 원하시는 피조물의 나라와 세상을 만들기 위한 하나님의 사역 결혼문화에 대한 지상명령을 창1:26-28절의 말씀에서와 같이 모든 인류에게 내리십니다. 그것은 하나님이 원하시는 피조물의 나라와 세상을 만들 수 있는 하나님의 가정과 이웃을 만들어 피조물인 모든 하나님의 사람들이 하나님을 경배하며 찬양하는 영원한 삶과 생활로 영적으로 거룩한 삶의 터전이 될 수 있는 하나님의 문화를 만드는 것이었습니다.

그래서 하나님은 아담과 하와를 비롯하여 모든 인류에게 결혼과 함께 가장 축복된 삶과 최상의 상급인 "하나님의 형상(창1:26-28)"을 주십니다. 그 이유는 하나님께서 피조물인 하나님의 사람들에게 최고의 경배와 최상의 찬양으로 영광을 받기 위함이기 때문입니다.

사43:7: 내 이름으로 불려지는 모든 자 곧 내가 내 영광을 위하여
창조한 자를 오게 하라 그를 내가 지었고 그를 내가 만들었느니라

이처럼 하나님의 사역 결혼문화는 하나님이 원하시는 피조물의 나라와 세상에 대한 계획과 목적에서 나온 것이므로 하나님의 사람인 우리들이 하나님이 원하시는 결혼과 하나님이 원하시는 가정에 임해야 할 자세는 영적인 피조물의 본분 안에서 분명히 알고 행할 수 있어야 합니다. 그 이유는 하나님의 사역 결혼문화가 피조물인 온 인류에게 "사명"으로 주어졌기 때문입니다.

이것은 온 인류가 결혼에 관련된 삶과 생활로 하나님이 원하시는 피조물의 나라와 세상을 만드는 것을 말합니다.

비록 창조시대 때 아담과 하와의 선악과 사건과 하나님의 아들들이 사람의 딸들과의 결혼사건 및 시날 평지의 바벨탑 사건으로 하나님이 준비하신 하나님의 사역 결혼문화는 끝까지 진행될 수는 없었지만, 하나님의 영성을 가진 이들에게는 지금도 하나님이 원하시는 결혼으로 하나님이 원하시는 가정을 이루어 이 땅에 "영적인 천국의 가정"을 이루는 하나님의 사역 결혼문화가 여전히 각 가정에 지상명령으로 유지되고 있습니다.

눅17:21: 또 여기 있다 저기 있다고도 못하리니 하나님의 나라는
너희 안에 있느니라

그래서 우리는 하나님의 사역 결혼문화에 대하여 말할 수 있어야 합니다.

(1) 결혼은 하나님께서 인류에게 주신 '최고의 축복과 최상의 상급'으로 만들어진 것입니다(창1:26-28, 벧전2:9)

최고의 축복: 이 땅에서 아픔과 고통이 없는 영원한 삶과 생활 속에서 모든 것이 잘되는 환경과 여건 안에서 번성하고 땅에 충만하며 다스리며 누리는 삶을 살아갈 수 있는 나라와 세상을 주신 복을 말합니다.

최상의 상급: 다른 피조물들에게는 없는 하나님의 형상으로 하나님의 나라에 위임된 자로 인정받은 것입니다. 이처럼 인류에게 있어서 이보다 더 큰 복은 없으며, 이보다 더 큰 상급은 없었을 것입니다.

그런데 아쉽게도 우리 주변에서 결혼에 대하여 하는 이야기를 들어보면 긍정적인 이야기보다는 부정적인 이야기를 하는 것을 더 많이 접하게 됩니다. 이것은 부적합한 말입니다. 이것은 결혼에 대하여 알지 못하고 하는 말입니다. 앞으로 우리는 결혼에 대하여 부정적인 말을 하지 말고 영, 육적으로 긍정적인 말을 해야 합니다.

그것은 하나님이 피조물인 우리들에게 복을 주시기 위하여 결혼을 만드셨지. 시련과 고통과 아픔과 고난을 주시려고 만드신 것이 아니기 때문입니다.

물론 원치 않게 힘든 시기도 있을 수 있겠지만, 결혼은 내 영혼이 잘되고 범사가 잘되는 것(요삼1:2)으로 만드신 것임을 알아야 합니다.

그러므로 결혼에 대한 부정적인 말로,…

- 결혼은 힘들어, 마음 맞춰 사는 거 쉽지 않아, 혼자 사는 것도 나쁘진 않아.
- 결혼하면 후회해! 그래도 안 하고 후회하는 것보다 하고 후회하는 게 나아!
- 결혼하면 시부모 모시지 마, 분가해서 살아, 너 하고 싶은 거 하며 살아,
- 결혼은 해도 너는 너, 나는 나야 따로 통장 관리해, 등등

영적인 하나님의 가정을 이루지 못하게 부정적으로 표현되는 말들이 많은데 이것을 교회 입장에서 비유하여 말을 한다면 주일날 꼭 교회 가야 해, 교회 적당히 가, 교회일 하지마, 뭐하러 해! 힘들게, 교회 안가도 돼! 집에서 예배드려 힘들게 왜 가 가지마!,......라고 등등 말하는 것처럼 교회와 관련된 일에 대하여 부정적으로 말하는 것과 똑같다 라는 것을 알아야 합니다.

왜냐하면 결혼에 대한 하나님이 원하시는 계획과 뜻이 있는데 이것을 이루지 못하게 하는 것이 되기 때문입니다.

이것은 하나님이 결혼과 그에 관련된 삶과 생활로 주시는 "큰 복"을 받게 된다는 것을 모르니까? 결혼과 그에 관련된 삶과 생활에 대한 여러 가지 피해의식 때문에 하나님이 만드신 결혼을 불신하며 하나님의 뜻과 다른 부정적인 말과 반대되는 행위(결혼을 안 함, 자녀를 낳지 않음, 부부싸움, 이혼, 동성애,... 등등)들을 하고 있는 것입니다.

(2) 인류에게 주어진 첫 번째 결혼에 대한 지상명령은 지금도 유효합니다.

우리는 알아야 합니다. 하나님의 사역 결혼문화가 창조시대 세 가지 사건 이후로 사라진 것이 아니라 계19:7-9절의 말씀과 같이 하나님이 원하시는 피조물의 나라와 세상이 결혼으로 다시 진행될 수 있을 때까지 잠시 보류시키시면서 하나님이 만드신 결혼은 계속 진행되게 하셨습니다.

계19:7: 우리가 즐거워하고 크게 기뻐하며 그에게 영광을 돌리세 어린 양의 혼인 기약이 이르렀고 그의 아내가 자신을 준비하였으므로 8: 그에게 빛나고 깨끗한 세마포 옷을 입도록 허락하셨으니 이 세마포 옷은 성도들의 옳은 행실이로다 하더라 9: 천사가 내게 말하기를 기록하라 어린양의 혼인 잔치에 청함을 받은 자들은 복이 있도다 하고 또 내게 말하되 이것은 하나님의 참되신 말씀이라 하기로

물론 영적으로 거룩한 결혼을 할 수 있는 능력은 상실되었지만, 하나님이 인류에게 주신 영적인 생명력은 유지하게 하여 계속 결혼하게 한 것이었습니다.

그 이유는 인류에게 있어 영적으로 본질이 되는 하나님의 생기로 얻어진 생명자체가 가장 영적인 하나님의 능력이기 때문입니다.

그러므로 인류는 죄로 타락은 하였지만, 하나님의 생기로 탄생된 영적인 생명의 유업을 결혼으로 계속 이어가게 하신 것입니다. 이것은 하나님이 인류에게 첫 번째로 주신 지상명령이 지금도 유효하기 때문입니다.

왜냐하면 하나님은 하나님이 원하시는 피조물의 나라와 세상을 이룰 결혼문화가 타락하였지만, 하나님은 영적으로 더 거룩한 결혼문화를 준비하여 더 나은 하나님이 원하시는 피조물의 나라와 세상을 만들 준비를 하고 계시기 때문입니다(계19:7-9).

그러므로 지금 우리가 알아야 할 것은 결혼에 관련된 삶과 생활은 하나님께서 인류에게 맡기신 일로서 하나님의 때가 되면 하나님께서 맡기신 일에 대하여 결산하시고자 하신다는 것입니다. 우리는 우리 주인이신 하나님께서 우리에게 하실 결산을 준비해야 합니다(전12:13-14, 마25:14-30).

그러기 위해서 하나님이 결혼을 만드신 목적에서 벗어나지 마십시오(약3:1). 하나님이 만드신 결혼 중심적인 신앙생활의 결과로 하나님을 기쁘시게 해야 할 책임이 우리들에게 있기 때문입니다(마7:21).

(3) 결혼은 피조물들을 위하여 만든 것이 아니라 하나님이 하나님을 위하여 만든 것입니다.

하나님이 원하시는 결혼을 하고자 하는 하나님의 사람들은 결혼이 만들어진 내용과 과정에 대하여 잘 알아야 합니다. 왜냐하면 성경을 보면 결혼은 하나님을 위한 창조목적에 의하여 만들어진 것이므로 하나님의 창조목적에 맞는 결혼을 준비하며 해야 하기 때문입니다.

우리가 창6:1-3절을 보아서 잘 알 수 있듯이 하나님의 아들들이 사람의 딸들과 결혼하므로 하나님의 신이 떠나시는 놀라운 사건을 잘 알고 있습니다.

하나님의 신이 떠나신 이유는 하나님의 아들들이 하나님이 원하시는 결혼이 아닌 자신들이 원하는 결혼으로 불순종하며 타락하였기에 하나님의 아들 위치에서 육신의 사람으로 전락 되었기 때문입니다.

우리는 이 사건을 통해서 큰 충격과 심각한 고민을 해야 합니다. 내가 하나님의 사람으로서 하나님이 원하시는 결혼을 알고 하나님이 원하시는 돕는 배필을 만나 하나님이 원하시는 영적인 결혼을 준비하고 있는지? 아니면 나도 하나님의 아들에게서 하나님의 신이 떠나신 육적인 결혼을 준비하고 있는지? 에 대한 심각한 고민을 하면서 자신을 돌아보아야 합니다. 그리고 하나님이 원하시는 결혼을 준비하며 해야 합니다.

믿음이 없는 이들이라면 상황에 따라 결혼의 유형이 달라질 수 있겠지만, 하나님의 사람으로서 하나님이 원하시는 결혼을 하고자 한다면 내게 원하시는 하나님의 결혼을 우리는 알아야 합니다. 그렇지 않으면 나도 모르는 사이에 세상 유혹이 틈타 요일 2:16, 마16:23절의 말씀처럼 영적인 결혼이 아닌 육적인 결혼을 준비할 수 있는 상황이 우리 주변 곳곳에 있기 때문입니다.

요일2:16: 이는 세상에 있는 모든 것이 육신의 정욕과 안목의 정욕과 이생의 자랑이니 다 아버지께로부터 온 것이 아니요 세상으로부터 온 것이라 마16:23: 예수께서 돌이키시며 베드로에게 이르시되 사탄아 내 뒤로 물러 가라 너는 나를 넘어지게 하는 자로다 네가 하나님의 일을 생각하지 아니하고 도리어 사람의 일을 생각하는도다 하시고

그래서 성경은 이성과 감성으로 하는 결혼이 아닌 '영성'으로 하는 결혼을 말하고 있습니다. 하나님이 원하시는 결혼에는 이성과 감성이 없기 때문입니다.

그리고 우리는 분명히 알아야 합니다. 시53:2절의 말씀처럼 피조물의 적용된 하나님의 결혼의 법이 우리들의 삶과 생활에 사명으로 주어져 있습니다. 그래서 하나님은 우리들에게서 하나님이 원하시는 하나님의 가정을 찾고 계십니다.

시53:2: 하나님이 하늘에서 인생을 굽어살피사 지각이 있는 자와 하나님을 찾는 자가 있는가 보려 하신즉

(4) 결혼에 대한 지상명령을 자녀에게 믿음의 유업으로 물려주어야 합니다.

결혼에 대한 지상명령은 두 가지입니다.
하나는 부부로서 결혼하게 된 목적에 맞는 하나님의 가정을 이루는 것을 말하며, 또 하나는 부모가 가지고 있는 하나님의 사명을 믿음의 유업으로 자녀에게 세습을 통해 물려주고, 자녀는 부모에게 물려받는 것을 말합니다. 이것이 가족에게 공동사명으로 주어지는 부모의 사명이자, 자녀의 사명입니다.

그러므로 우리가 하고자 하는 결혼에는 반드시 내게 향하신 하나님의 계획과 뜻을 알고 그 뜻에 맞는 결혼과 가정을 이루어 자녀들도 똑같이 이어갈 수 있도록 해야 합니다. 우리의 결혼에는 하나님이 원하시는 피조물의 나라와 세상을 이루기 위한 목적과 계획이 있기 때문입니다.

그래서 결혼은 해도 되고, 안 해도 되는 것이 아니라 "꼭 해야 하는 것"입니다. 특별한 사정이 있어 여의치 않을 경우를 제외하고는 모든 인류는 결혼을 해야 합니다. 그렇지 않으면 우리가 이 땅에 존재할 이유가 없습니다.

우리가 이 땅에 존재하는 이유는 하나님이 원하시는 피조물의 나라와 세상을 만들기 위해서입니다. 그래서 하나님이 부모에게 자녀를 주신 것입니다. 왜냐하면 하나님은 하나님이 원하시는 결혼사역이 끊어지는 것을 원치 않으시기 때문입니다.

민3:10절의 말씀을 보면 하나님은 레위지파의 자녀들에게 제사장직을 하나님의 기업으로 지속적으로 맡기시고자 하신 것을 알 수 있습니다.

> 민3:10: 너는 아론과 그의 아들들을 세워 제사장 직무를 행하게 하라 외인이 가까이하면 죽임을 당할 것이니라

하나님이 왜? 열두지파 중에 레위지파를 선택하시고 지정하여 제사장직의 대를 이어가게 하셨을까요? 제사를 중심으로 드려지는 하나님의 예배가 끊어지면 안 되기 때문입니다.

그런데 제사장직을 해도 되고, 안 해도 되는 선택권을 준다면 하나님을 예배하는 사역이 지속적으로 이어져 올 수가 없었을 것입니다.

이와같이 하나님의 지상명령인 하나님의 결혼사역도 부모에게서 자녀에게로 이어져 가야 하는 하나님의 사명임을 알고 피조물의 본분을 다하여야 하는 것(주인을 기쁘시게, 맡겨진 사명감당 등)을 잊지 말고 감당해야 할 것입니다.

창1: 4, 10, 12, 18, 21, 25, 31절에 "보시기에 심히 좋았더라" 말씀하신 것처럼.

5) 창세기 2장

성경을 창1장에서 계시록까지 묵상하다가 예전에 알지 못한 것을 깨닫는 시간이 있었습니다. 그것은 성경에 창2장이 있는데, 창2장이 없다는 것이었습니다. 우리가 가지고 있는 성경에는 창1장을 시작으로 창2장, 창3장, 창4장, 창5장의 순서대로 진행되면서 요한계시록까지 되어 있습니다.

그런데 필자의 눈에는 창2장이 보이지 않는 놀라운 경험을 하게 됩니다. 그래서 놀란 마음에 성경을 다시 보면서 창2장을 찾기 시작했습니다.

얼마나 시간이 흘렀을까? 창2장을 찾게 되었습니다. 제 눈에 보인 창2장은 계19:7-9절의 말씀이었습니다.

계19:7: 우리가 즐거워하고 크게 기뻐하며 그에게 영광을 돌리세 어린 양의 혼인 기약이 이르렀고 그의 아내가 자신을 준비하였으므로 8: 그에게 빛나고 깨끗한 세마포 옷을 입도록 허락하셨으니 이 세마포 옷은 성도들의 옳은 행실이로다 하더라 9: 천사가 내게 말하기를 기록하라 어린 양의 혼인 잔치에 청함을 받은 자들은 복이 있도다 하고 또 내게 말하되 이것은 하나님의 참되신 말씀이라 하기로

계19:7-9절의 말씀은 하나님의 어린양의 혼인 잔치에 관한 말씀으로 신랑이신 예수님께서 어린양이 되어 하나님이 보시기에 옳은 행실을 하여 세마포 옷을 입은 성도들을 자신의 신부로 맞이하여 혼인 잔치에 함께 들어가는 내용입니다.

이 내용의 의미를 보면 예수 그리스도의 십자가의 보혈로 우리들의 죄를 사하신 예수님을 믿어 구원받고 성령 받아 영적으로 거듭난 신앙의 삶과 생활로 하나님께로부터 검증된 성도들이 우리를 구원하신 어린양 되신 예수 그리스도의 신부가 되어, 함께 혼인 잔치에 들어가므로 하나님이 원하시는 피조물의 나라와 세상이 계21:1-2절의 말씀처럼 새롭게 시작되는 것을 알게 합니다.

계21:1 또 내가 새 하늘과 새 땅을 보니 처음 하늘과 처음 땅이 없어졌고 바다도 다시 있지 않더라 2 또 내가 보매 거룩한 성 새 예루살렘이 하나님께로부터 하늘에서 내려오니 그 준비한 것이 신부가 남편을 위하여 단장한 것 같더라

이것은 하나님께서 창조시대 때 아담과 하와의 결혼을 시작으로 하나님이 원하시는 피조물의 나라와 세상을 이루고자 하셨던 인류가 지속적으로 타락하여 하나님께서 원하시는 피조물의 나라

와 세상을 이룰 수 없게 되자 하나님은 다시 하나님께서 원하시는 피조물의 나라와 세상을 새롭게 만드시고자 하신 것입니다.

그런데 여기서 충격인 것은 어린양이신 예수 그리스도와 하나님이 보시기에 옳은 행실로 세마포 옷을 입은 성도들과의 혼인입니다. 이것은 아담과 하와 때 인류에게서 시작된 결혼이 죄와 죄악으로 타락하면서 사라진 줄 알았던 하나님의 계획이었으나, 아담이 아닌 어린양이신 예수 그리스도를 중심으로 타락한 부분들을 수정 보완하여 다시금 하나님이 원하시는 피조물의 나라와 세상을 만들고자 하신 하나님의 결혼에 대한 계획이었습니다.

그것도 아담과 하와 때 보다 영적으로 더 완벽하게 불순종이 없는 하나님의 사람들로만 하나님이 원하시는 피조물의 나라와 세상을 만들고자 하신 것입니다. 하나님은 이것으로 아담과 하와 이후로 진행되지 못했던 창2장을 진행하시고자 하시는 줄을 알게 되었습니다.

(1) 창세기 1장은 있는데 창세기 2장이 없습니다.

창1:1 태초에 하나님이 천지를 창조하시니라

우리는 하나님을 위한 신앙의 삶으로 교회에 나와 하나님을 예배하며 찬양합니다. 하나님을 예배하며 찬양하는 이유(창1:1)는 하나님이 천지를 창조하신 세상의 주인이시자 모든 피조물들의 주인이시므로 피조물이 가져야 할 본분으로 하나님을 나의 주인으로 섬기고 있기 때문입니다.

그래서 우리는 내 영혼이 잘되고 범사에 강건(요삼1:2)하기를 위하여 날마다 성경에 기록된 하나님의 말씀을 믿으며, 묵상하는 것은 하나님의 뜻대로 살고자 함인데, 이는 성경의 말씀대로 순종하면 신4:39-40절의 말씀처럼 영, 육적으로 상천하지의 하나님의 복을 받기를 원하기 때문입니다. 이처럼 우리가 성경을 하나님의 말씀으로 믿고 따르는 것은 성경 말씀의 주인을 하나님이시라고 믿고 있기 때문입니다.

> 신4:39: 그런즉 너는 오늘 위로 하늘에나 아래로 땅에 오직 여호와는 하나님이시요 다른 신이 없는 줄을 알아 명심하고 40: 오늘 내가 네게 명령하는 여호와의 규례와 명령을 지키라 너와 네 후손이 복을 받아 네 하나님 여호와께서 네게 주시는 땅에서 한 없이 오래 살리라

그런데 창1장에서 창2장으로 진행되는 과정에서 새로운 것을 발견하게 됩니다. 그것은 창1장과 창2장의 차이입니다.

창1장에서는 여러분들이 잘 아시는 것처럼 하나님이 천지를 창조하시면서 피조물들에게 명령 한마디 말씀으로 모든 창조물들을 창조하시는데, 중요한 것은 아직 생겨나지 아니한 피조물들이 하나님이 계획하신 뜻대로 창조되면서 하나님께서 설명을 다하지 아니하셨는데도 피조물들이 하나님의 의중을 알고서 하나님이 원하시는 뜻대로 순종하여 "하나님이 보시기에 심히 좋았더라"(창1:4, 10, 12, 18, 21, 25, 31)고 말씀하실 정도로 기대 이상의 결과로 하나님의 마음을 흡족하고 기쁘시게 할 만큼 피조물들이 하나님의 명령 한마디에 일사천리로 순종하여 창1장의 창조목적

이 끝나게 된다는 것입니다.

예를 들어 "빛이 있으라" (창1:3), "뭍이 드러나라"(창1:9), "땅은 풀과 씨맺는 채소를 종류대로 내라" (창1:12), 땅은 생물을 그 종류대로 내라(창1:24) "그대로 되니라" (창1:30) 하나님이 지으신 그 모든 것을 보시니 보시기에 심히 좋았더라(창1:31) 등등,.. 하나님의 말 한마디로 모든 것을 하나님이 원하시는 계획과 뜻대로 하나님을 위한 복음으로 진행되었다는 것입니다.

그런데 창2:4절 이후의 말씀들을 보면 상황은 달라집니다.

창2:4: 이것이 천지가 창조될 때에 하늘과 땅의 내력이니 여호와 하나님이 땅과 하늘을 만드시던 날에

창2:4:절의 말씀과 그 이후의 말씀을 보면 하나님께서 천지창조하신 창조내역에 대한 내용을 누군가에게 설명하시고자 한다는 것입니다.

하나님이 직접 세상을 창조하신 분이셔서 하나님이 하나님께서 하신 일을 다 알고 계신데, 하나님이 하나님에게 설명하실 이유가 없는데 누구에게 "내력은 이러하니" 라며 하나님께서 설명을 하시고자 하신 것일까요?

성경에 이러한 말씀들이 기록된 것을 보면 하나님의 창조내역을 꼭 알아야 하는 이들이 있었음을 알 수 있게 합니다.

누구일까요? 그렇습니다!

하나님의 천지창조의 내력을 알아야 하는 이들은 바로 저와 여러분들입니다. 더 정확하게 표현하자면 구원이 필요한 모든 이들을 말합니다.

이는 창조시대 때 창조목적에 의하여 하나님이 원하시는 피조물의 나라와 세상을 만들기 위한 하나님의 계획과 뜻이 무산되면서 하나님이 누구인지? 하나님이 하신 일이 무엇인지? 하나님은 어떤 분이신지? 세상의 주인이신 하나님에 대하여 알리시기 위한 것입니다.

(2) 창세기 1장은 이때부터 사라지고, 창세기 2장이 이때부터 생겨납니다.

성경의 주인은 하나님이십니다. 그렇다면 창1장과 같이 하나님을 위한 복음으로 창2장, 창3장, 창4장,… 등으로 이어져 나와야 합니다.

그래서 창1장에서와 같이 창2장 안에서도, 창3장 안에서도, 창4장 안에서도 하나님이 창조목적을 위하여 하신 일들을 피조물들이 피조물의 본분에 맞게 최선을 다하여 자신들에게 맡겨진 하나님의 일들을 "보시기에 좋았더라" 하실 수 있도록 하는 내용들로 가득 채워져야 할 것입니다.

> 창1:31: 하나님이 지으신 그 모든 것을 보시니 보시기에 심히 좋았더라 저녁이 되고 아침이 되니 이는 여섯째 날이니라

우리가 창1장에서 진행된 내용들을 보아서 잘 알 수 있듯이 첫째 날에서 여섯째 날까지 하나님에 의해 창조된 피조물들은 하나님의 창조목적을 잘 이해하고, 알고 있는 듯했습니다.

- 첫째 날: 빛(낮)과 어둠(밤)
- 둘째 날: 궁창(하늘)
- 셋째 날: 모인 물(바다), 뭍(땅), 식물(풀. 채소. 나무)
- 넷째 날: 해. 달. 별
- 다섯째 날: 새, 물고기
- 여섯째 날: 짐승, 사람
- 일곱째 날: 복 주심, 안식

하나님께서 창조목적에 맞게 피조물들을 잘 창조하신 것도 있겠지만 피조물로 창조된 피조물들이 하나님의 창조목적의 의중을 알고 주인의 영광과 만족과 기쁨을 위하여 피조물의 자유의지(신6:5)로 마음을 다하고 뜻을 다하여 주인이신 하나님께 충성으로 순종하여 하나님께서 생각하신 것의 기대 이상의 결과로 하나님의 마음을 흡족하게 하여 "하나님이 보시기에 좋았더라", "하나님이 보시기에 심히 좋았더라" 하실 만큼 하나님의 마음에 쏙 들게 하였다는 것은 피조물들이 주인이신 하나님의 마음을 알고 피조물로 창조해 주신 것에 대한 감사의 마음으로 최선을 다하고자 하는 피조물의 의지로 열심을 내어 하나님의 마음을 감동하게 한 것으로, 보여지는 것이 창1장이었습니다.

그래서 다음 장인 창2장은 창1장에서 창조가 완성된 피조물들을 중심으로 더 나은 하나님의 영광을 나타내는 피조물들의 사역으로 창1장과 같이 "하나님이 보시기에 심히 좋았더라" 하신 것처럼 창2장에서도 "하나님이 보시기에 내가 심히 기쁘고 즐겁도다" 하실 수 있어야 하는데, 피조물들의, 불순종의 죄와 타락으로 거룩한 영성을 잃어버리게 되면서 하나님이 원하시는 피조물의 나라와 세상을 실현할 창2장이 사라지고 구원을 받아야 하는 영혼을 대상으로 하는 말씀들로 창2장이 생겨나게 됩니다.

그래서 이때부터 하나님을 위한 복음으로 되어야 할 창2장이 우리 눈에 사라지고, 구원을 받아야 하는 피조물 중심으로 창2장이 기록되어 우리 눈에 보여지기 시작한 것입니다.

(3) 하나님은 창세기 2장을 준비하고 계십니다.

하나님은 알고 계십니다. 지금 우리가 가지고 있는 성경의 창2장이 하나님이 원하시는 창2장이 아니라는 것을, 그래서 하나님은 하나님이 원하시는 창2장을 준비하고 계십니다.

성경을 보면 구원받지 못한 이들이 아닌 구원받은 성도들 또는 주의 제자들을 대상으로 주의 말씀이 주어지는데 "좁은 문으로 들어가라 멸망으로 인도하는 문은 크다 (마7:13-14)" "너희는 이 세대를 본받지 말고 영적예배 드려라 (롬12:2)" "내가 거룩하니 너희도 거룩하라 (레11:44-45)" "십계명을 지켜라 (신5:1-21)" "너희는 세상에 소금 되고 빛이 되라 (마5:13-14)" "나를 따르려거든 자기 십자가를 지고 나를 따르라 (마16:24)" "내가 너희에게 분부한 모든 것을 가르쳐 지키게 하라 (마28:20)" "아버지의 뜻대로 행하는 자가 아버지의 나라에 들어가리라 (마7:21)" "사람의 본분을 지켜라 선, 악간에 심판하리라(전12:13-14)"라는 내용의 말씀들로 많이 기록된 것을 알 수 있습니다.

이 말씀들은 나의 죄를 회개하고 예수님을 나의 구주로 영접하여 구원을 받아 주님의 뒤를 따르고자 하는 이들에게 주어지는 말씀으로 하나님께서 주의 길로 인도하시는 말씀입니다. 이것은 약2:26절의 말씀과 같이 이들의 믿음으로 감당해야 할 일들로 작게는 주변 사람들에게, 크게는 하나님에게 행함 있는 믿음으로 검증되어야 할 신앙으로 마치 사명과 같이 주어졌습니다.

> 약2:26: 영혼 없는 몸이 죽은 것 같이 행함이 없는 믿음은 죽은 것이니라

성경에서 하나님이 이렇게 하시는 이유는 하나님은 이 세상의 영적인 신앙의 삶과 생활을 기준으로 하나님의 나라에 함께 할 하나님의 사람들을 찾고 계시기 때문입니다. 그래서 하나님은 이 땅 위에 당신의 계획과 뜻을 정하여 놓으시고 하나님의 뜻대로 행하는지의 여부를 확인하시고자 검증을 요구하시는 말씀들을 주시는 것입니다.

왜냐하면! 하나님의 나라에는 거짓된 믿음으로 들어올 수 없기 때문이며, 하나님에게서 검증되지 아니하면 하나님의 나라에 들어갈 수가 없기 때문입니다.

> 신8:2: 네 하나님 여호와께서 이 사십 년 동안에 네게 광야 길을 걷게 하신 것을 기억하라 이는 너를 낮추시며 너를 시험하사 네 마음

이 어떠한지 그 명령을 지키는지 지키지 않는지 알려 하심이라

신13:3: 너는 그 선지자나 꿈꾸는 자의 말을 청종하지 말라 이는 너희의 하나님 여호와께서 너희가 마음을 다하고 뜻을 다하여 너희의 하나님 여호와를 사랑하는 여부를 알려 하사 너희를 시험하심이니라

계21:27: 무엇이든지 속된 것이나 가증한 일 또는 거짓말하는 자는 결코 그리로 들어가지 못하되 오직 어린 양의 생명책에 기록된 자들만 들어가리라

우리가 잘 알다시피 하나님은 한차례 하나님이 원하시는 피조물의 나라와 세상을 창1장에서 만드신 적이 있습니다. 그러나 하나님은 창1장에서와 같이 하나님이 하나님의 영광을 위한 복음으로 창2장을 이어가는 과정에서 원치 않은 피조물들의 타락으로 영적으로 거룩한 하나님을 위한 피조물의 사역을 멈추셔야만 하셨습니다.

그래서 하나님은 하나님을 위한 창2장의 계획과 뜻을 잠시 보류하시고 타락한 피조물들을 구원할 복음으로 변경하여 타락한 하나님의 사람들을 영적으로 거듭나게 하신 후에 하나님께 검증된 성도들과 어린양 되시는 예수 그리스도와의 혼인잔치(계19:7-9)를 기준으로 창2장을 준비하시게 됩니다.

그것이 성경에서 말하는 새 하늘과 새 땅으로 보여집니다.

사65:17: 보라 내가 새 하늘과 새 땅을 창조하나니 이전 것은 기억되거나 마음에 생각나지 아니할 것이라

사66:22: 내가 지을 새 하늘과 새 땅이 내 앞에 항상 있는 것 같이 너희 자손과 너희 이름이 항상 있으리라 여호와의 말씀이니라

문제는 하나님께서 준비하신 새 하늘 새 땅에 들어갈 수 있는 하나님의 사람들입니다. 그래서 하나님이 믿음이 있는 이들을 대상으로 훈련과 사역과 시험을 통해 하나님의 나라에 들어갈 당신의 사람을 찾고자 하신 것입니다.

하나님은 또다시 타락한 피조물들 때문에 하나님이 준비하신 새 하늘 새 땅이 또 타락하여 하나님이 원하시는 피조물의 나라와 세상으로 만들어질 창2장이 멈춰지는 것을 원하시지 않기 때문입니다. 그러므로 우리가 깨닫고 알아야 하는 것은 우리가 살아가는 이 세상은 하나님이 원하시는 피조물의 나라와 세상, 즉 창2장을 만들기 위한 과정에 놓여 있는 것 외에 그 이상도, 그 이하도 아니라는 것입니다.

골3:2: 위의 것을 생각하고 땅의 것을 생각하지 말라

6) 구약이 만들어진 이유

하나님이 천지창조 하시면서 인류에게 세우셨던 창조목적의 계획은 아담과 하와 두 사람의 결혼을 시작으로 하나님이 원하시는 가정들이 모여 하나님의 이웃이 되고 하나님의 이웃들이 모여 하

나님의 민족이 되고 하나님의 민족들이 모여 하나님이 원하시는 피조물의 나라와 세상을 만드는 것이었습니다.

그런데 창조시대에 세 가지 큰 사건이 생기면서 결혼에 대한 하나님의 계획과 뜻이 무산되게 되는데 이 세 가지 사건은 우리가 다! 잘 알고 있는 사건들로 하나님이 원하시는 거룩한 영적인 결혼의 관점에서 청년들에게 잘 알려지지 않은 사건들입니다.

첫 번째: 선악과 사건(창3:1-13)
두 번째: 하나님의 아들들과 사람의 딸들의 결혼사건(창6:1-3)
세 번째: 시날 평지의 바벨탑 사건(창11:1-9)

우리는 이 세 가지 사건을 하나님이 원하시는 거룩한 영적인 결혼의 관점에서 알아가면서 구약이 만들어질 수밖에 없었던 내용을 알 수 있게 됩니다.

첫 번째: 선악과 사건
이 사건은 하와가 들짐승의 뱀의 유혹에 넘어가 선악과를 먹고 그의 남편 아담에게 주어서 먹게 한 사건입니다.
이 사건을 통해서 아담과 하와는 죄를 범한 대가로 영원한 생명을 잃어버리게 되면서 아담은 땀을 흘리는 수고를, 하와는 남편의 다스림을 받으며 아이를 낳는 고통의 저주를 받고 에덴동산에서 쫓겨나게 되는 내용입니다.

우리는 이 선악과 사건으로 하나님의 가정이 깨지는 것을 보게 됩니다. 100% 영적인 결혼으로, 100% 영적인 하나님의 가정을 이루었던 하나님의 에덴동산에서 들짐승 뱀의 유혹으로 선악과를 범한 죄로 인하여 아담과 하와가 에덴동산에서 쫓겨나면서 하나님의 거룩한 가정이 깨지게 되는 것을 성경을 통해 목격하게 됩니다.

두 번째: 하나님의 아들들과 사람의 딸들과의 결혼사건
이 사건은 하나님이 하나님의 아들들에게 하나님의 딸들과 영적인 결혼하는 것을 원하셨지만, 하나님의 아들들이 하나님이 원하시는 영적인 결혼이 아닌 자신들이 좋아하는 사람의 딸들과 타락한 육적인 결혼을 한 사건입니다.

이 사건으로 하나님은 하나님의 아들들에게서 하나님의 신이 영원히 떠나가시는데, 떠나가시는 이유가 하나님의 아들들이 육신이 되어버렸기 때문이라고 하시면서 연수를 백이십 년으로 낮추시는 저주를 내리시는 내용입니다. 우리는 이 사건에서 선악과 사건 때와는 다르게 하나님이 하신 일을 보게 됩니다.

그것은 "하나님의 신이 떠나가시는 것"입니다.

선악과 사건 때는 아담과 하와를 에덴동산에서 쫓아내셨지만, 하나님의 아들들과 사람의 딸들과의 결혼사건 때는 반대로 '하나님의 신이 영원히 떠나가신 것'입니다. 이는 하나님이 영적인 결혼이 아닌 육적인 결혼을 얼마나 싫어하시는지를, 그리고 영과 육이 함께 할 수 없음을 보여주면서 영적인 결혼과 육적인 결혼의 차이를 극명하게 보여주고 있습니다. 그리고 이 사건으로 하나님이 원하시는 영적으로 거룩한 결혼이 깨지게 된 것을 보여주고 있습니다.

세 번째: 시날 평지의 바벨탑 사건

이 사건은 노아 홍수 이후 시날 평지에서 살던 사람들이 벽돌로 성읍과 탑을 건설하여 그 탑 꼭대기를 하늘에 닿게 하여 자신들의 이름을 내고 흩어짐을 면하기 위하여 벌인 사건입니다.

하나님은 이 사건으로 바벨탑이 진행되는 과정을 보시기 위하여 내려오셔서 언어가 하나이므로 성읍과 탑이 건설되는 과정을 보시고 언어를 혼잡하게 하여 탑을 쌓지 못하게 하시면서 시날 평지 사람들을 온 지면에 흩으신 내용입니다.

우리는 이 사건에서 하나님이 원하시는 피조물의 나라와 세상을 만들기 위하여 온 인류를 같은 언어로 하나가 되게 하셨는데, 하나님을 위하여 준비하신 언어가 하나님께 불순종하는 도구로 활용되는 것을 보시고,

준비하신 언어를 다르게 하사 불순종하고자 하는 이웃공동체의 소통을 막고 관계를 깨지게 하시면서 뿔뿔이 흩어지게 하므로 하나님이 원하시는 피조물의 나라와 세상을 이루는데 필요한 사회적 공동체 관계가 깨지는 것을 알 수 있게 합니다.

하나님은 이 세 가지 사건으로 창조시대를 구약시대로 하향조정하시게 되는데 이 세 가지 사건을 개별적인 사건으로 본다면 하나님의 뜻에 불순종한 사건으로 이해할 수 있습니다. 그러나 이것을 하나님이 원하시는 피조물의 나라와 세상을 이루고자 하신 결혼문화의 사건으로 본다면 하나님이 왜! 구약시대를 만드실

수밖에 없는 충격적인 이유를 알게 됩니다.

하나님이 아담과 하와의 결혼으로 이루고자 하신 것은 영적인 결혼과 가정을 중심으로 하는 결혼문화를 이루어 하나님이 원하시는 피조물의 나라와 세상을 만들고자 하셨는데 이 세 가지 사건의 의미와 결말의 내용을 보면 하나님이 원하시는 피조물의 나라와 세상을 이루고자 하신 계획들이, 다! 무산되고 산산이 깨지게 되기 때문입니다.

하나님이 결혼문화로 이루시려는 피조물의 나라와 세상은 세 가지 내용으로 형성되게 되어 있습니다. 하나는, 하나님이 원하시는 영적인 결혼, 또 하나는 영적인 하나님의 가정, 다른 또 하나는 영적인 결혼과 가정들로 형성된 사회적 공동체로 하나의 민족화 할 수 있는 하나님의 이웃관계입니다. 하나님은 이 세 가지의 계획으로 인류에 대한 창조시대를 계획하셨는데

위에서 다루었던 이 세 가지 사건을 보면 하나님이 원하시는 피조물의 나라와 세상을 이루기 위하여 만드신 결혼문화의 기반이 다 무너지게 됩니다.

아담과 하와의 선악과 사건은 하나님의 가정이 깨지는 사건으로 에덴동산에서 하나님의 가정을 이룰 수 없게 되었고, 하나님의 아들들과 사람의 딸들과의 결혼사건은 하나님의 영적인 결혼이 깨지는 사건으로 하나님이 원하시는 영적인 결혼을 할 수 없게 되었으며, 시날 평지 바벨탑 사건은 하나의 언어로 하나님이 원하시는 피조물의 나라와 세상을 형성할 수 있는 사회적 공동체

가 깨지는 사건으로 노아 홍수 이후 하나님은 새롭게 하나님의 사람들과 함께하고자 하셨으나 함께 할 수 없게 되면서,..

하나님이 원하시는 결혼문화로 하나님이 원하시는 피조물의 나라와 세상을 만들고자 하셨는데 하나 같이 다! 깨지게 되어 창조시대에 결혼으로 세우고자 하신 인류에 대한 계획과 뜻 그리고 목적과 영성이 사라지는 결정적인 이유가 됩니다.

이후 하나님은 창조시대의 계획을 뒤로하고 인류와 깨진 하나님과의 영적인 관계 회복을 위한 새로운 계획을 세우시게 되는데 그것이 구약입니다.

구약시대는 하나님과의 관계 회복을 위하여 성막과 율법을 중심으로 하는 예배자의 삶과 생활로 하나님의 백성으로 거듭나는 것을 요구하시면서 두 번째로 하나님이 원하시는 피조물의 나라와 세상을 만들고자 하신 것입니다.

우리는 위 세 가지 사건을 통해 창조시대가 사라지고 구약시대가 세워지는 것을 보면서 하나님이 세우신 결혼문화의 중요성을 깨닫고 하나님 원하시는 결혼과 가정을 이룰 수 있는 하나님의 사람으로 거듭나기를 희망해 봅니다.

7) 신앙생활의 유형

신앙생활(religious life)의 유형(category)의 정의
성경을 보면 우리가 하고 있는 신앙생활에는 세 가지 유형이

있음을 알 수 있게 합니다. 이 신앙생활의 유형은 피조물에 대한 하나님의 계획에 의하여 나온 것으로서 하나님께서 원하시는 피조물의 나라와 세상을 만들기 위한 목적으로 만들어졌으며 그때, 그때 주어진 상황에 따라 신앙생활의 유형이 변화된 것을 성경은 말해주고 있습니다.

이 변화는 피조물에 대한 하나님의 계획이 잘못되어서가 아니라 피조물인 인류가 하나님의 계획과 뜻이 아닌 자신들의 유익을 위한 불순종으로 죄를 범하게 되면서 생기게 됩니다. 그래서 하나님의 말씀이 시대와 주제가 다른 복음의 내용으로 전해지지만 변하지 않는 것이 있습니다. 그것은 피조물인 인류가 죄를 범하고 타락하여도 하나님은 하나님을 위한, 하나님이 원하시는 피조물의 나라와 세상을 이루고자 하신 "인류에 대한 하나님의 계획"입니다.

(1) 첫 번째 신앙생활의 유형, 가정 중심적 신앙생활

가정 중심적인 신앙생활은 하나님께서 천지창조 하시고 난 후에 인류가 타락하기 전에 세우신 것으로 아담과 하와의 결혼을 통해서 인류의 창조목적을 이루시기 위하여 세우신 인류에 대한 첫 번째 계획(창1:26-28)입니다.

이 계획은 하나님의 사람에서, 돕는 배필로, 돕는 배필에서 결혼으로, 결혼에서 부부로, 부부에서 부모로, 부모에서 조부모로, 조부모에서 자녀로, 자녀에서 하나님의 자녀로 하나님의 자녀에서 하나님의 사람으로 재생산하게 하여 결혼의 과정들이 지속될 수 있도록 하게 하여 하나님의 가정을 완성하는 것입니다.

이렇게 완성된 하나님의 가정들이 모이고 모이면 하나님이 원하시는 이웃가정이 형성되고, 이러한 하나님의 이웃가정들이 모이고 모이면 하나님이 원하시는 민족공동체가 형성되고, 이러한 하나님의 민족공동체들이 모이고 모이면 하나님이 원하신 피조물의 나라와 세상을 이룰 수 있게 됩니다.

이것이 '하나님이 결혼을 만드신 목적'입니다.

그러므로 이때 당시 하나님의 아들들에게 주어진 사명(창 1:26-28)은 하나님이 원하시는 결혼을 하고 나서 하나님이 원하시는 하나님의 가정을 이루는 것입니다. 그 이유는 하나님의 가정을 중심으로 하나님이 원하시는 피조물의 나라와 세상을 만들려고 하신 것이기 때문입니다.

그런데 이 계획과 뜻이 아담과 하와의 선악과 사건으로 아담과 하와가 영적인 존재에서 영원한 생명을 잃어버리고 죽어야 하는 육적인 존재로 타락하게 되는 하나님의 저주와 벌을 받고, 에덴동산에서 쫓겨난 후에 하나님의 아들들이 사람의 딸들과의 결혼 사건으로 하나님의 가정이 깨지고 나서 시날 평지 바벨탑 사건으로 언어를 혼잡케 하여 하나님의 공동체 사회가 뿔뿔이 흩어지게 됩니다.

이로 인해 영원한 신앙의 삶으로 준비하셨던 거룩한 하나님의 사역 결혼문화가 무산되면서 영적인 결혼으로 이루려 하셨던 하나님이 원하신 피조물의 나라와 세상이 아닌 다음 계획을 세우시게 됩니다.

(2) 두 번째 신앙생활의 유형, 성막(예배)중심적인 신앙생활

> 신7:7: 여호와께서 너희를 기뻐하시고 너희를 택하심은 너희가 다른 민족보다 수효가 많기 때문이 아니니라 너희는 오히려 모든 민족 중에 가장 적으니라 8: 여호와께서 다만 너희를 사랑하심으로 말미암아, 또는 너희의 조상들에게 하신 맹세를 지키려 하심으로 말미암아 자기의 권능의 손으로 너희를 인도하여 내시되 너희를 그 종 되었던 집에서 애굽 왕 바로의 손에서 속량하셨나니

구약시대는 창조시대의 가정중심적인 신앙생활을 이룰 수 있는 가정과 결혼과 사회적 공동체가 모두 깨져 하나님이 원하시는 결혼문화가 사라지고 난 후에 하나님과 영적으로 상하 구조가 깨진 관계회복을 위하여 성막중심적인 신앙생활로 이 땅위에 하나님의 예배문화를 만들어 하나님이 원하시는 피조물의 나라와 세상을 만들고자 하신 인류에 대한 하나님의 두 번째 계획입니다.

이 계획은 결혼문화와는 다르게 율법의 테두리 안에서 성막중심적인 신앙생활의 삶이 이스라엘 민족들에게 주어지게 됩니다. 이는 이스라엘 민족을 하나님의 백성으로 구분하기 위한 방법으로 거듭나게 하여 신29:14-15절의 말씀과 같이 이스라엘을 중심으로 세상을 구원하시고자 하시면서 하나님을 세상에 주인으로 나타내시고자 하시는 계획과 뜻이 있음을 알 수 있게 합니다.

> 신29:14: 내가 이 언약과 맹세를 너희에게만 세우는 것이 아니라 15: 오늘 우리 하나님 여호와 앞에서 우리와 함께 여기 서 있는 자와 오늘 우리와 함께 여기 있지 아니한 자에게까지이니

하나님께서 이스라엘 백성들을 택하시기 전까지 이들은 성막(예배) 중심의 삶이 아니었습니다.

창조시대에서 타락한 하나님의 사람들이 선악과 사건으로 인하여 육적인 존재로 저주를 받아 하향조정 되면서 인류는 영적으로 하나님 중심적인 삶이 아닌 타락한 인간 중심적인 시대로 변화되었고 변화된 타락한 세상에서 백성들의 수효가 가장 적은 민족을 택하신 것이 이스라엘 민족이었습니다.

하나님은 이러한 이스라엘 민족에게 렘30:22절의 말씀처럼 하나님의 백성으로 살아갈 수 있도록 자세하고 구체적인 삶과 생활에 대한 제사와 율법 613가지를 주시며, 사명으로 성막(예배) 중심의 신앙생활의 삶을 살게 하셨습니다.

렘30:22: 너희는 내 백성이 되겠고 나는 너희들의 하나님이 되리라

우리는 여기서 한 가지 비교되는 것을 알 수 있습니다. 창조시대에는 율법의 기준으로 하는 성막 중심의 삶이 없었습니다.

있었다면 에덴동산을 중심으로 살면서 번성, 충만, 정복, 다스리는 삶을 살면 되는 것이었습니다. 그런데 구약에서는 율법을 기준으로 성막 중심의 삶을 살게 하셨습니다. 왜요?

하나님과 멀어진 관계를 가까이 유지하려면,
육적인 존재에서 영적인 존재로 거듭나게 하려면,
하나님의 백성으로 하나님의 복을 받아 살아가게 하려면,
세상에서 거룩한 하나님의 존재를 나타내려면,

타락한 인류와 세상을 구원하여 하나님이 원하시는 나라와 세상을 만들려면,

하나님을 믿고 따르며, 하나님을 주인으로 하는 중심의 삶과 생활로 하나님의 피조물임을 인정하며 순종하는 예배의 삶이 있어야 하기 때문에 율법을 기준으로 하는 성막 중심의 삶과 생활이 필요했던 것입니다.

이것은 하나님이 아담과 하와의 결혼으로 창조시대를 하나님이 원하시는 피조물의 나라와 세상으로 이루고자 하신 것과 같이 이스라엘을 하나님의 백성으로 삼아 이스라엘 중심으로 하나님이 원하시는 나라와 세상으로 세우고자 하신 것이 두 번째 계획이자 뜻이었습니다.

그런데 이 두 번째 계획과 뜻도 이스라엘의 불순종과 우상숭배의 죄로 무산되면서 하나님은 또다시 다음 계획을 세우시게 됩니다.

(3) 세 번째 신앙생활의 유형, 이웃(이방인) 중심적인 신앙생활

> 마20:28: 인자가 온 것은 섬김을 받으려 함이 아니라 도리어 섬기려 하고 자기 목숨을 많은 사람의 대속물로 주려 함이니라

하나님께서 당신의 영광을 위한 피조물의 계획과 뜻을 이루시기 위하여 인류에게 세우신 첫 번째 결혼문화 사역과, 두 번째 예배문화 사역의 계획과 뜻이 무산되자 세 번째 대안으로 세우신 것이 하나님의 아들 예수 그리스도의 구원문화 사역을 기준으로

하는 이웃(이방인) 중심적인 신앙생활의 삶이었습니다.

첫 번째는 하나님의 사람을 대상으로,
두 번째는 타락한 민족 중에 선택받은 민족 이스라엘을 대상으로 하였으나 하나님의 뜻이 아닌 결과로 다! 하향조정 되어
세 번째 계획이 세워지게 되는데 이번에는 하나님의 사람도 아니고, 택함받은 이스라엘 백성들도 아닌, 모든 이들을 대상으로 하는 이방인들 중심으로 하는 예수 그리스도의 구원사역으로 세워지게 됩니다.

이때는 이미 영·육적으로 타락할 대로 타락하고 하나님과 멀어 질대로 멀어져 버린 하나님의 사람과 하나님의 백성들은 택함을 받은 선민이라 할지라도 그들의 삶은 마15:7-9절의 말씀처럼 하나님을 섬기지 않는 이방인이 되어버린지 오래였습니다.

> 마15:7: 외식하는 자들아 이사야가 너희에 관하여 잘 예언하였도다 일렀으되 8: 이 백성이 입술로는 나를 공경하되 마음은 내게서 멀도다 9: 사람의 계명으로 교훈을 삼아 가르치니 나를 헛되이 경배하는도다 하였느니라 하시고

창조시대의 결혼문화와 구약시대의 예배문화까지는 하나님께서 직접 나서서 이끄시고 해결하려 하셨지만, 죄와 죄악으로 타락에 타락을 거듭하면서 하나님이 살리시고자 하셨던 영혼과 영적인 계획들이 무산되면서 이방인이 되어버린 하나님의 백성들은 엡 5:14절의 말씀처럼 그들의 죗값으로 인하여 이방인과 같이 영적으로 잠자는 결과를 초래하였던 것입니다.

엡5:14: 그러므로 이르시기를 잠자는 자여 깨어서 죽은 자들 가운데서 일어나라 그리스도께서 너에게 비추이시리라 하셨느니라

이것은 구약시대에 동물의 피 제사로는 하나님과의 영적인 관계가 개선될 수 있는 선을 벗어난 것으로 동물의 피가 아닌 영적으로 거룩한 피의 제사로 영혼을 살려야 하는 사건으로 하나님의 입장에서는 최악의 상황이 되어버린 것입니다.

그래서 하나님은 이들 모두를 구원하기 위하여 영·육적으로 흠도 없고 점도 없는(벧전1:19) 어린 양이신 하나님의 아들 우리 주 예수 그리스도를 내어 주사 십자가에 못 박혀 피 흘려 죽으시고 삼 일만에 죽은 자 가운데서 부활하게 하사 죽음의 권세를 깨뜨리시고 십자가의 보혈을 의지하여 죄를 회개하고 주님이신 예수 그리스도를 믿으면 구원받고 성령으로 거듭나게 하여 하나님이 원하시는 피조물의 나라와 세상을 이루고자 하신 것입니다.

이전에는 하나님이 피조물들 중에 선별하고 구별하신 이들이 대상이었다면 지금은 하나님을 모르는 이방인 아니! 인류 모두를 대상으로 하는 구원문화 사역으로 하향조정 되면서 신약시대는 창조시대와 구약시대와는 또 다르게 하나님의 사랑과 예수님의 복음의 삶과 생활로 마16:24, 요13:15절,....등의 말씀과 같이 주변 이웃들에게 본을 보이며 주님의 길로 인도해야 하는 사명이 주어진 것입니다.

마16:24: 이에 예수께서 제자들에게 이르시되 누구든지 나를 따라오려거든 자기를 부인하고 자기 십자가를 지고 나를 따를 것이니라

요13:15: 내가 너희에게 행한 것 같이 너희도 행하게 하려 하여 본을 보였노라

8) 불균형 성장

우리는 이 세 가지 신앙생활의 유형을 보면서 주의하며 알아야 할 것이 있습니다. 그것은 하나님께서 창조시대, 구약시대, 신약시대에 정하신 신앙생활의 유형은 하나님이 원하시는 피조물의 나라와 세상을 만들기 위한 목적으로 계획된 것입니다.

창조시대는 하나님의 가정을 중심으로 하는 결혼문화로,
구약시대는 성막을 중심으로 하는 예배문화로,
신약시대는 예수님의 구원을 중심으로 하는 이웃(전도)문화로 만들어지게 됩니다.

그런데 문제는 하나님께서 하나님의 영광을 위하여 만드신 계획들이 뜻하지 않은 불순종으로 하나님을 위한 일이 틀어지면서 준비하신 계획들을 뒤로하고 새로운 계획들을 세우시게 되는데 이것이 시대별로 보이는 세 가지 신앙생활의 유형인 것입니다.

중요한 것은 하나님을 위하여 신앙생활을 하는 우리들이 창조시대, 구약시대, 신약시대의 상황에 맞게 구분된 사역과 신앙생활의 유형들을 조화롭게 유지하며 지켜나가는 삶이 중요하다는 것입니다.

그 이유는 오늘날 이 시대를 살아가는 우리들에게 지금도 하나

님이 정하셨던 창조시대에 하나님의 가정을 중심으로 하는 결혼문화의 삶과, 구약시대의 성막을 중심으로 하는 예배문화의 삶과, 신약시대의 예수 그리스도의 구원을 중심으로 하는 이웃(전도)문화의 삶을 살아가고 있으며, 시대별로 정하여 놓으신 하나님의 계획과 뜻이 사라지고 없어진 것이 아니라 지금도 성령 안에서 하나님의 뜻대로 살고자 하는 이들에게 영적인 시대적 사명으로 요구되고 있는 신앙의 삶이기 때문입니다.

필자가 이 이야기를 하는 것은 한국교회가 이 세 가지 유형의 신앙 중심적인 모습으로 조화를 이루며 고른 성장을 해야 하는데 한국교회는 가정 중심적인 신앙생활과 이웃(전도) 중심적인 신앙생활의 삶을 가르치기는 하였으나 미비하여 영적으로 성장하지 못하는 반 면에 교회 부흥을 위하여 교회(예배) 중심적인 신앙생활로 많이 치중되어 가르치면서 교회 중심적으로 부흥 성장한 모습을 볼 수 있기 때문입니다.

교회 중심적인 삶은 성막을 중심으로 하는 예배문화의 삶이므로 하나님을 예배하는 신앙생활을 잘 가르쳐서 교회가 부흥 성장한 것에 대하여 잘못됐다는 것이 아닙니다. 하나님의 사람이라면 하나님을 경외하며 찬양하는 예배 중심적인 삶은 당연한 것이며, 마땅히 해야 할 하나님의 명령(출20:8)입니다.

아쉬운 것은 하나님의 가정을 중심으로 하는 결혼문화와 예수 그리스도의 구원을 중심으로 하는 이웃문화에 대한 영적인 신앙생활의 가르침이 적다보니 결혼문화 안에서 나타나는 청년들의 가정비전과 사명문제, 이성교제문제, 결혼문제, 부부문제, 자녀양육문제, 부모문제, 조부모문제, 경제(축복)문제들과 이웃문화 안에서 나타나는 사회에서의 소금과 빛이 되는 문제, 직장 비전문제, 직장에서의 관계(연합)문제,.. 등등

교회 청년들과 성도들이 교회의 영역 밖에서 인정받고 있는 부분들도 있겠지만 그리스도인으로 가정과 사회에 속해서 세상을 영적인 그리스도 문화로 이끌어 가기보다는 하나님이 원하시는 영적인 결혼문화와 이웃문화를 몰라서 세상과 타협하며 세상을 따라가려는 모습들을 더 많이 보게 될 때마다, 한국교회가 조화를 이루며 고른 성장을 한 것이 아니라, 교회 중심적으로 불균형 성장을 하였다는 생각을 지울 수 없게 됩니다.

이에 대한 생각은 한발 더 나아가 한국교회에 마이너스 성장요인 중에 하나가 될 수도 있다는 생각을 앞서게 합니다.

지금이라도 한국교회가 가정 중심적인 신앙생활과 이웃중심적인 신앙생활을 성막 중심인 교회중심적인 신앙생활과 같이 비중있게 고르게 가르치며, 양육하여 가정에서, 사회에서, 교회에서 소금과 빛의 역할을 할 수 있는 하나님의 사람들로 하나님의 나라와 세상을 세워가기를 희망합니다.

[표1] 유형별 하나님의 계획과 신앙생활의 유형

구분	첫번째	두번째	세번째
시대	창조 시대	구약 시대	신약 시대
하나님의 계획과 뜻	결혼중심으로 정복하고 다스리는 삶과 생활	성막중심으로 하나님을 예배하며 백성이 되는 삶과 생활	예수 그리스도 십자가의 구원과 믿음으로 거듭나는 영적인 삶과 생활
주된 메시지	창1:26-28,창2:18, 창2:21-25, 창6:1-3	창12:1-3, 출3:1-10, 신7:1-7,신12:8-14	마1:21, 마20:28, 계19:7-8,요3-5 요13:15
사역과 사명	하나님의사람, 결혼, 유업, 기업(하나님의세상과나라)족보	성막, 율법, 율례, 제사,규례, 하나님의 백성,거룩함	믿음, 구원, 성령체험,거듭남, 제자, 그리스도인, 재림, 심판, 어린양과 혼인
리더십	정복하고 다스리는 리더십	백성으로 지키고 따르는 의무적 순종의 리더십	본이 되고 덕이 되는 섬김의 리더십
사탄 전략	하나님의 가정이 세워지지 못하게	하나님의 백성이 세워지지 못하게	그리스도인으로 거듭나지 못하게
사역지	에덴동산, 가정	애굽과 가나안 (구별된 곳에서)	이방인과 땅 끝 (구별이 필요 없는 곳)
사역자	하나님의 사람, 부부, 부모, 조부모	제사장, 선지자, 왕, 하나님의 백성	제자들(주의 종), 그리스도인

배경	온전한 영적인 환경과 여건	타락한 세상을 구원하기 위해 이스라엘 백성을 택함	하나님에게 등 돌린 이스라엘과 세상을 구원하기 위해 아들이신 예수님을 보내심
시대적 특징	하나님의 가정을 이루면 만사형통	하나님의 백성으로 순종하면 만사형통	성령 충만하여 거듭난 그리스도인이 되면 만사형통
신앙적 차이점	*언제나 영적인 공유가 가능 *하나님이 주신 권위와 권세를 가지고 하나님의 뜻에 맞게 순종하는 삶과 생활	*하나님을 예배하므로 직접 만남이 가능 *하나님의 역사와 임재하심으로 직접 일하심 앞에 순종하는 신앙	*예수님을 믿음으로 하나님 만남가능 *예수님을 믿어 구원받고, 전도하는 그리스도인이 되어 순종과 전도하는 신앙
영적인 상황	영적으로 100% 온전한 상태	구분, 구별된 사람에서 거룩해짐으로 영적으로 회복하려는 상태	죄의 종에서 예수 그리스도의 믿음으로 구원을 받아야만 하는 상태
전도방법	정복하고 다스리는 일상생활 (창1:26-28)	여러 민족 중에 택함을 받아 하나님의 백성으로 거듭나 복을 받아 하나님을 증거하는 삶과 생활 (창26:26-29)	모든 이들이 구원 받을 수 있도록 본을 보이며 전도하는 노력이 필요한 삶과 생활 (요13:34-35)

Ⅱ. 본 론

1. 결혼의 정립(定立)

하나님이 원하시는 결혼을 하려면 반드시 먼저 알고 준비되어 있어야 하는 것이 있습니다. 그것은 하나님이 원하시는 "영적인 결혼에 대한 정립"입니다.

그래서 하나님이 결혼을 만드신 목적을 이해하고 영적인 결혼에 대한 지혜와 지식을 갖추고 하나님이 원하시는 결혼을 하는 것이 중요합니다.

그 이유는 결혼으로 하나님이 원하시는 피조물의 나라와 세상을 만들기 위하여 정하여 놓으신 창조목적의 계획 때문입니다.

그것은 하나님께서 출애굽 한 이스라엘 백성들에게 신12:5-9절의 말씀하신 것처럼 이전에는 각기 소견대로 행하였지만 앞으로 하나님이 인도하시는 그곳에서는 자기의 이름을 두시려고 택하신 그곳에 나와서 제사와 예물을 드리라고 하는 예배의 목적과도 같은 의미입니다.

신12:5: 오직 너희의 하나님 여호와께서 자기의 이름을 두시려고 너희 모든 지파 중에서 택하신 곳인 그 계실 곳으로 찾아 나아가서 6: 너희의 번제와 너희의 제물과 너희의 십일조와 너희 손의 거제와 너희의 서원제와 낙헌 예물과 너희 소와 양의 처음 난 것들을 너희는 그리로 가져다가 드리고 7: 거기 곧 너희의 하나님 여호와 앞에서 먹고 너희의 하나님 여호와께서 너희의 손으로 수고한 일에 복 주심으로 말미암아 너희와 너희의 가족이 즐거워할지니라 8: 우리가 오늘 여기에서는 각기 소견대로 하였거니와 너희가 거기에서는 그렇게 하지 말지니라 9: 너희가 너희 하나님 여호와께서 주시는 안식과 기업에 아직은 이르지 못하였거니와

이것은 하나님이 하나님의 영광을 위한 계획과 뜻으로 세워진 것이므로 피조물인 인류의 영역에서는 변하지 않는 진리와도 같은 것입니다. 그래서 인류가 아담과 하와의 선악과 사건을 시작으로 죄와 죄악을 끊임없이 범해도 하나님의 창조목적의 진리가 변하는 것이 아니라 죄와 불순종으로 타락해 가는 인류에게 저주와 형벌로 주어지는 삶과 생활이 늘어나는 것을 구약과 신약의 성경을 통해 볼 수 있습니다.

그래서 시대와 세상이 변하였다고 해서 결혼에 대한 하나님의 계획과 뜻이 변하였다고 생각하면 안 됩니다. 결혼에 대한 하나님의 거룩한 영적인 계획과 뜻이 변한 것이 아니라 하나님의 창조목적에 불순종하며 따르지 않는 피조물들에 대한 반응을 달리하신 것뿐, 그 이상도 이하도 아닙니다.

분명한 것은 주인의 계획과 뜻이 분명하면 피조물에 의하여 주인의 계획과 뜻이 변하지 않는다는 것입니다. 왜냐하면 필요 없

는 피조물들은 창6:7절의 말씀의 표현처럼 쓸어버리고 필요한 피조물들은 다시 창조하시거나 재사용해서 주인이 원하는 뜻대로 얼마든지 쓸 수 있기 때문입니다.

> 창6:7: 이르시되 내가 창조한 사람을 내가 지면에서 쓸어버리되 사람으로부터 가축과 기는 것과 공중의 새까지 그리하리니 이는 내가 그것들을 지었음을 한탄함이니라 하시니라

예를 들어 하나님은 아담과 하와가 들짐승의 유혹에 못 이겨 선악과를 먹으려 할 때 하나님은 아담과 하와를 먹지 못하게 막을 수도 있었습니다. 그런데 하나님은 막지 않으시고 선악과를 먹는 것을 지켜보셨습니다.

그리고 이때 하나님은 아담과 하와의 선악과 사건을 시작으로 모든 인류가 타락하게 될 것이라는 것을 알고 계셨을 것입니다. 그럼에도 불구하고 하나님은 타락한 인류를 결혼의 역사로 오늘날까지 이어오게 하셨습니다.

그럼, 왜? 하나님은 막지 않으셨을까요?

어쩌면 하나님은 아담과 하와가 들짐승인 뱀의 유혹을 당할 때부터 아니 하나님의 영광을 위하여 피조물로 창조된 들짐승인 뱀이 타락하였을 때부터 하나님은 하나님이 원하시는 영적으로 거룩한 피조물의 나라와 세상이 타락하게 될 것을 아시고 이때부터 지금보다 더 나은 하나님이 원하시는 영적으로 거룩한 피조물의 나라와 세상을 다시 새롭게 만들고자 하신 계획을 세우신 것이

아닌가? 하는 생각을 계19:7-9, 마12:32, 엡1:21-22, 사65:17, 사66:22, 벧후3:13, 계21:1절 등의 말씀을 보면서 해봅니다.

계19:7: 우리가 즐거워하고 크게 기뻐하며 그에게 영광을 돌리세 어린 양의 혼인 기약이 이르렀고 그의 아내가 자신을 준비하였으므로 8: 그에게 빛나고 깨끗한 세마포 옷을 입도록 허락하셨으니 이 세마포 옷은 성도들의 옳은 행실이로다 하더라 9: 천사가 내게 말하기를 기록하라 어린 양의 혼인 잔치에 청함을 받은 자들은 복이 있도다 하고 또 내게 말하되 이것은 하나님의 참되신 말씀이라 하기로

마12:32: 또 누구든지 말로 인자를 거역하면 사하심을 얻되 누구든지 말로 성령을 거역하면 이 세상과 오는 세상에서도 사하심을 얻지 못하리라

엡1:21: 모든 통치와 권세와 능력과 주권과 이 세상뿐 아니라 오는 세상에 일컫는 모든 이름 위에 뛰어나게 하시고 22: 또 만물을 그의 발 아래에 복종하게 하시고 그를 만물 위에 교회의 머리로 삼으셨느니라

사65:17: 보라 내가 새 하늘과 새 땅을 창조하나니 이전 것은 기억되거나 마음에 생각나지 아니할 것이라

사66:22: 내가 지을 새 하늘과 새 땅이 내 앞에 항상 있는 것 같이 너희 자손과 너희 이름이 항상 있으리라 여호와의 말이니라

벧후3:13: 우리는 그의 약속대로 의가 있는 곳인 새 하늘과 새 땅

을 바라보도다

계21:1: 또 내가 새 하늘과 새 땅을 보니 처음 하늘과 처음 땅이 없어졌고 바다도 다시 있지 않더라

그래서 하나님은 타락하기 이전의 영적인 결혼관을 그대로 유지한 채 하나님의 뜻에 순종 또는 불순종한 피조물들에 대하여 계22:12, 롬2:6절 등에 말씀하시는 것처럼 행한 대로 거두게 하시는 대응으로 인류에게 하나님의 심판이 있는 것을 전11:9, 전12:13-14절 등에 말씀하시면서 하나님이 이 세상이 아닌 장차 오는 세상을 위하여 준비하게 하시는 것을 알 수 있습니다. 그 이유는 우리가 살아가는 이 세상은 우리가 영원히 살아갈 세상이 아니기 때문입니다.

계22:12: 보라 내가 속히 오리니 내가 줄 상이 내게 있어 각 사람에게 그가 행한 대로 갚아 주리라

롬2:6: 하나님께서 각 사람에게 그 행한 대로 보응하시되

전11:9: 청년이여 네 어린 때를 즐거워하며 네 청년의 날들을 마음에 기뻐하여 마음에 원하는 길들과 네 눈이 보는 대로 행하라 그러나 하나님이 이 모든 일로 말미암아 너를 심판하실 줄 알라

전12:13: 일의 결국을 다 들었으니 하나님을 경외하고 그의 명령들을 지킬지어다 이것이 모든 사람의 본분이니라 14: 하나님은 모든 행위와 모든 은밀한 일을 선악 간에 심판하시리라

우리가 살고 있는 이 세상은 하나님께서 원래 계획하신 세상이 아닙니다. 원치 않은 피조물들의 죄와 죄악으로 타락하게 되면서 영적으로 거룩한 하나님의 영성을 잃어버린 세상이 되어 벧후 3:5-7절의 말씀처럼 불로 소각하게 되어버릴 세상입니다.

> 벧후3:5: 이는 하늘이 옛적부터 있는 것과 땅이 물에서 나와 물로 성립된 것도 하나님의 말씀으로 된 것을 그들이 일부러 잊으려 함이로다 6: 이로 말미암아 그 때에 세상은 물이 넘침으로 멸망하였으되 7: 이제 하늘과 땅은 그 동일한 말씀으로 불사르기 위하여 보호하신 바 되어 경건하지 아니한 사람들의 심판과 멸망의 날까지 보존하여 두신 것이니라

그래서 성경은 우리의 실상을 약4:14절에서와 같이 말씀하시면서 엡2:2절의 말씀과 같이 영적인 권면으로 이 세상을 중심으로 살아가지 말고 마7:21절의 말씀처럼 하나님의 뜻대로 살아갈 것을 말씀하고 있습니다.

> 약4:14: 내일 일을 너희가 알지 못하는도다 너희 생명이 무엇이냐 너희는 잠깐 보이다가 없어지는 안개니라

> 엡2:2: 그 때에 너희는 그 가운데서 행하여 이 세상 풍조를 따르고 공중의 권세 잡은 자를 따랐으니 곧 지금 불순종의 아들들 가운데서 역사하는 영이라

> 마7:21: 나더러 주여 주여 하는 자마다 다 천국에 들어갈 것이 아니요 다만 하늘에 계신 내 아버지의 뜻대로 행하는 자라야 들어가리라

이는 영적으로 거룩했던 시대와 세상이 육적으로 타락한 시대와 세상으로 달라졌어도 실상은 여전히 하나님이 원하시는 피조물의 나라와 세상을 이루시기 위하여 창1:26-28절에 인류의 복음으로 말씀하신 결혼에 대한 하나님의 계획과 뜻이 지금도 영적인 하나님의 사람들에게서 진행하시고 계시는 것을 느낄 수 있게 합니다.

> 창1:26: 하나님이 이르시되 우리의 형상을 따라 우리의 모양대로 우리가 사람을 만들고 그들로 바다의 물고기와 하늘의 새와 가축과 온 땅과 땅에 기는 모든 것을 다스리게 하자 하시고 27: 하나님이 자기 형상 곧 하나님의 형상대로 사람을 창조하시되 남자와 여자를 창조하시고 28: 하나님이 그들에게 복을 주시며 하나님이 그들에게 이르시되 생육하고 번성하여 땅에 충만하라, 땅을 정복하라, 바다의 물고기와 하늘의 새와 땅에 움직이는 모든 생물을 다스리라 하시니라

그렇습니다. 하나님은 창세 이후부터 지금까지 변하신 것이 없습니다. 왜냐하면 하나님은 천지창조 이후부터 지금까지 변함없이 하신 일이 하나님이 원하시는 피조물의 나라와 세상을 만들기 위하여 요5:17, 벧전1:4절의 말씀처럼 계속 일을 하시고 계셨기 때문입니다.

> 요5:17: 예수께서 그들에게 이르시되 내 아버지께서 이제까지 일하시니 나도 일한다 하시매

> 벧전1:4: 썩지 않고 더럽지 않고 쇠하지 아니하는 유업을 잇게 하시나니 곧 너희를 위하여 하늘에 간직하신 것이라

그리고 우리가 여기서 눈여겨볼 것이 있습니다, 그것은 하나님께서 같은 방법으로 하나님이 원하시는 피조물의 나라와 세상을 이루고자 하신다는 것입니다. 그것은 아담과 하와의 결혼으로 이루고자 하셨던 것이 타락으로 틀어지자, 우리 구주 어린양 되시는 예수님과 하나님의 뜻대로 옳은 행실로 세마포 옷을 입은 성도들과의 혼인 잔치(계19:7-9)로 하나님이 원하시는 피조물의 나라와 세상을 이루고자 하신다는 것입니다.

그래서 이것이 오늘날에서도 우리에게 중요한 신앙의 삶으로 주어졌다는 것입니다.

왜냐하면 하나님이 보시기에 합당한 주님의 신부가 될 수 있는 신앙의 삶과 생활이 우리의 신앙의 사명으로 주어졌기 때문입니다. 그리고 그 신앙의 삶과 생활 중에 하나님이 원하시는 결혼으로 하나님이 원하시는 하나님의 가정을 하나님의 뜻대로 이루어야 하는 신앙생활의 삶이 포함되어 있기 때문입니다.

이것은 이중적인 하나님의 방법으로 이 땅 위에서 하나님이 원하시는 결혼으로 하나님이 원하시는 가정을 이루어 가정 안에서 먼저 하나님이 원하시는 피조물의 나라와 세상을 이룰 수 있는 하나님의 가정을 완성하여 선악과 사건이후 타락한 결혼과 가정으로 이루지 못했던 하나님의 가정을 영적인 믿음으로 심은 대로 거두게 하신 후에 하나님이 보시기에 옳은 행실을 한 하나님의 사람들에게 마25:21절에 말씀하신 것처럼 하나님이 원하시는 나라와 세상을 맡기고자 하신 것을 알 수 있습니다.

마25:21: 그 주인이 이르되 잘하였도다 착하고 충성된 종아 네가 적은 일에 충성하였으매 내가 많은 것을 네게 맡기리니 네 주인의 즐거움에 참여할지어다 하고

그래서 우리는 성경을 통해서 결혼에 대한 하나님의 생각과 계획을 알 수 있었습니다. 그것은 이 땅위에 하나님이 원하시는 결혼과 가정을 이루어 하나님이 원하시는 피조물의 나라와 세상을 이룰 수 있는 하나님의 결혼문화를 만들어 가는 것입니다.

문제는 우리가 하나님이 원하시는 영적인 결혼관을 가지고 하나님이 원하시는 결혼으로 하나님이 원하시는 가정을 이룰 수 있는 영적인 결혼에 대한 지혜와 지식에 대하여 잘 정립이 되어 있느냐? 입니다.

하나님은 요4:24절의 말씀처럼 하나님을 예배하는 자를 찾으시듯, 하나님은 하나님이 원하시는 결혼으로 하나님이 원하시는 가정을 이루어 가는 하나님의 사람들 또한 찾으시는 것을 아시고 하나님이 원하시는 영적인 결혼에 대하여 알고 결혼을 준비하며 해야 할 것입니다.

요4:24: 하나님은 영이시니 예배하는 자가 영과 진리로 예배할지니라

1) 하나님 사람의 정의

하나님 사람의 정의란 "내게 향하신 하나님의 계획과 뜻을 알

고 하나님의 뜻대로 행할 수 있는 자" 또는 "내게 주어진 하나님의 사명을 알고 하나님의 뜻대로 사명을 감당할 수 있는 자"를 말합니다.

이것은 성경에서 시대별로 인류에게 세우신 하나님의 목적과 계획에서 잘 알 수 있습니다. 그것은 하나님이 원하시는 피조물의 나라와 세상을 만들기 위해서입니다.

영적으로 거룩했던 하나님의 세상이 죄와 죄악으로 타락한 시대와 세상으로 변하여 달라졌지만, 하나님은 여전히 변함없이 하나님이 원하시는 피조물의 나라와 세상을 만들기 위하여 시대와 세상에 맞게 시대별로 하나님의 사람을 쓰시고자 하신 것을 알 수 있습니다.

창조시대의 하나님의 사람은 하나님이 원하시는 영적인 결혼으로 하나님이 원하시는 영적인 가정과 사회를 이룰 수 있는 자로, 구약시대의 하나님의 사람은 하나님이 원하시는 백성이 되어 하나님을 온전히 영적으로 경외하고 예배하며 섬기는 자로, 신약시대 하나님의 사람은 예수 그리스도의 구원의 믿음과 성령의 거듭남으로 하나님의 증인 된 자로 쓰시고자 하시는 것을 알 수 있습니다.

그래서 하나님의 사람에게 있어서 중요한 것은 하나님이 원하시는 일을 하게 하기위하여 창조한 피조물의 본분에서 벗어나지 않고 내가 원하는 하나님의 의를 나타내는 것이 아니라 요3:34, 마6:33, 마7:21절 등의 말씀처럼 하나님이 원하시는 하나님의 의를 행할 수 있어야 한다는 것입니다.

요3:34: 하나님이 보내신 이는 하나님의 말씀을 하나니 이는 하나님이 성령을 한량없이 주심이니라

마6:33: 그런즉 너희는 먼저 그의 나라와 그의 의를 구하라 그리하면 이 모든 것을 너희에게 더하시리라

마7:21: 나더러 주여 주여 하는 자마다 다 천국에 들어갈 것이 아니요 다만 하늘에 계신 내 아버지의 뜻대로 행하는 자라야 들어가리라

그래서 하나님의 사람은 내게 향하신 하나님의 계획과 뜻을 정확히 알고 내가 가야 할 길, 내가 해야 할 일, 내가 이루어야 할 일이 무엇인지 알아야 합니다. 그래서 내게 주어진 하나님의 사명을 깨닫고 내게 원하시는 결혼으로, 내게 원하시는 예배자로, 내게 원하시는 증인된 자로 내가 이 땅위에서 하나님의 사람으로 존재하는 이유와 목적에 맞는 삶과 생활로 살아가야 하기 때문입니다.

2) 결혼의 정의(인류 창조 목적을 이루기 위한 결혼제도)

결혼의 정의는 하나님께서 인류창조 목적을 이루기 위하여 만드신 결혼제도에서 시작됩니다. 이것은 하나님이 원하시는 피조물의 나라와 세상을 만들기 위하여 하나님께서 피조물로 창조하신 아담과 하와를 기준으로 준비하신 하나님의 사역 결혼문화로 인류를 형성하시고자 하신 것입니다.

그러므로 결혼은 창1:26-28절의 말씀과 같이 아담과 하와를 위하여 만들어진 것이 아니라 하나님의 창조목적의 영광을 위한 계획과 뜻대로 결혼이 만들어지는 것을 알 수 있습니다.

> 창1:26: 하나님이 이르시되 우리의 형상을 따라 우리의 모양대로 우리가 사람을 만들고 그들로 바다의 물고기와 하늘의 새와 가축과 온 땅과 땅에 기는 모든 것을 다스리게 하자 하시고 27: 하나님이 자기 형상 곧 하나님의 형상대로 사람을 창조하시되 남자와 여자를 창조하시고 28: 하나님이 그들에게 복을 주시며 하나님이 그들에게 이르시되 생육하고 번성하여 땅에 충만하라, 땅을 정복하라, 바다의 물고기와 하늘의 새와 땅에 움직이는 모든 생물을 다스리라 하시니라

그래서 아담과 하와가 결혼하는 과정을 창2:7, 창2:20-25절, 등의 말씀에서 보면 인류의, 결혼의 시작이 아담과 하와에게서 시작되는데, 재미있는 것은 말씀의 내용에서 알 수 있듯이 아담과 하와는 서로가 서로를 위하는 마음으로 결혼을 하고자 하는 의지를 가지고 결혼에 대한 계획과 뜻을 세워서 결혼한 것이 아니라는 것입니다.

> 창2:7: 여호와 하나님이 땅의 흙으로 사람을 지으시고 생기를 그 코에 불어넣으시니 사람이 생령이 되니라

> 창2:20: 아담이 모든 가축과 공중의 새와 들의 모든 짐승에게 이름을 주니라 아담이 돕는 배필이 없으므로 21: 여호와 하나님이 아담을 깊이 잠들게 하시니 잠들매 그가 그 갈빗대 하나를 취하고 살로 대신 채우시고 22: 여호와 하나님이 아담에게서 취하신 그 갈빗대

로 여자를 만드시고 그를 아담에게로 이끌어 오시니 23: 아담이 이르되 이는 내 뼈 중의 뼈요 살 중의 살이라 이것을 남자에게서 취하였은즉 여자라 부르리라 하니라 24: 이러므로 남자가 부모를 떠나 그의 아내와 합하여 둘이 한 몸을 이룰지로다 25: 아담과 그의 아내 두 사람이 벌거벗었으나 부끄러워하지 아니하니라

그리고 아담과 하와는 서로가 결혼한 이후에도 무엇을 위하여 어떻게 살아가고자 하는 계획도 없었습니다. 아담과 하와는 본인들이 결혼을 하지만 결혼에 대하여 아무런 생각도, 계획도, 의지도 없었습니다.

그 이유는 하나님의 창조목적의 필요에 따라 창조된 피조물이었기 때문에 피조물에게 주어진 삶과 생활을 하나님의 뜻대로 감당해야 하는 사명이 주어진 것을 잘 알고 있었기 때문입니다.

그래서 아담과 하와는 자신들에게 원하시는 피조물의 나라와 세상을 이루고자 하신 결혼에 대한 하나님의 계획과 뜻을 위하여 결혼한 것이며 결혼한 후에도 인류에게 향하신 하나님의 뜻대로 하나님이 원하시는 결혼과 그에 관련된 삶과 생활에 대한 사명감으로 피조물의 본분을 다하고자 순종한 것으로 볼 수 있습니다.

그러므로 결혼의 정의는 피조물인 사람에게서 '하나님의 계획을 이루기 위한 피조물에 대한 계획'이므로 하나님이 인류에게 향하신 창조목적을 이루기 위한 계획 또는 하나님의 계획을 이루기 위한 피조물에 대한 계획임을 알 수 있게 합니다.

늦었지만, 지금이라도 한국교회 청년들과 자녀들이 결혼은 하나님의 계획을 이루기 위한 피조물에 대한 계획인 영적인 결혼을

바로 이해하고 알아서 하나님의 나라와 하나님의 의(마6:33)를 구하고자 하는 마음과 믿음으로 신10:12-13절의 말씀처럼 하나님이 원하시는 결혼을 하려는 피조물 본분의 노력이 절실히 요구됨을 알아야 합니다.

> 신10:12: 이스라엘아 네 하나님 여호와께서 네게 요구하시는 것이 무엇이냐 곧 네 하나님 여호와를 경외하여 그의 모든 도를 행하고 그를 사랑하며 마음을 다하고 뜻을 다하여 네 하나님 여호와를 섬기고 13: 내가 오늘 네 행복을 위하여 네게 명하는 여호와의 명령과 규례를 지킬 것이 아니냐

3) 돕는 배필의 정의(결혼문화사역의 동역자)

돕는 배필에 정의는 하나님이 원하시는 결혼과 가정을 위하여 동역자(조력)로 예비 된 자! 또는 하나님이 원하시는 피조물의 나라와 세상을 위하여 준비된 자! 로 말할 수 있습니다.

그 이유는 하나님이 창조하신 하나님의 사람들에게 창1:26-28절에 말씀하신 것처럼 하나님이 원하시는 피조물의 나라와 세상을 만들어 갈 수 있도록 결혼사역을 만드시는 과정에서 결혼을 해야 할 하나님의 사람과 하나님의 사람을 도와 함께 결혼할 돕는 배필을 창2:18절의 말씀처럼 창조목적에 대한 하나님의 계획에 의하여 정하시고 마19:6절의 말씀처럼 하나님의 뜻대로 짝으로 정해 주시는 것을 알 수 있기 때문입니다.

창2:18: 여호와 하나님이 이르시되 사람이 혼자 사는 것이 좋지 아니하니 내가 그를 위하여 돕는 배필을 지으리라 하시니라

마19:6: 그런즉 이제 둘이 아니요 한 몸이니 그러므로 하나님이 짝지어 주신 것을 사람이 나누지 못할지니라 하시니

이는 하나님의 사람이 하나님이 원하시는 피조물의 나라와 세상을 만들어 가야 하는 결혼사역에 있어서 하나님의 사람 혼자서는 하나님이 원하시는 결혼과 가정 그리고 사회적 공동체를 형성하여 하나님이 원하시는 피조물의 나라와 세상을 만들어 갈 수 없으므로 하나님의 인류사역의 필요에 따라 돕는 배필이 창조됨을 알 수 있습니다.

그러므로 돕는 배필에게 있어서 가장 중요한 것은 내가 영적으로 도와주어야 할 하나님의 사람이 있다는 것과 내가 영적으로 도와주어야 할 하나님의 일이 있다는 것을 인지하고 결혼을 준비해야 한다는 것입니다.

이것은 돕는 배필에게 주어진 역할적 사명으로서 돕는 배필이 가지고 있는 하나님의 결혼사역의 중요성을 잘 말해주고 있습니다. 그래서 성경은 돕는 배필이 남편 곧 하나님의 사람에게 있어서 잠18:22, 잠19:14, 벧전3:7, 엡5:22-28절 등의 말씀에서와 같이 어떤 존재인지를 잘 설명해 주고 있습니다.

잠18:22: 아내를 얻는 자는 복을 얻고 여호와께 은총을 받는 자니라

잠19:14: 집과 재물은 조상에게서 상속하거니와 슬기로운 아내는 여호와께로서 말미암느니라

벧전3:7: 남편들아 이와 같이 지식을 따라 너희 아내와 동거하고 그를 더 연약한 그릇이요 또 생명의 은혜를 함께 이어받을 자로 알아 귀히 여기라 이는 너희 기도가 막히지 아니하게 하려 함이라

엡5:22: 아내들이여 자기 남편에게 복종하기를 주께 하듯 하라 23: 이는 남편이 아내의 머리 됨이 그리스도께서 교회의 머리 됨과 같음이니 그가 바로 몸의 구주시니라 24: 그러므로 교회가 그리스도에게 하듯 아내들도 범사에 자기 남편에게 복종 할지니라 25: 남편들아 아내 사랑하기를 그리스도께서 교회를 사랑하시고 그 교회를 위하여 자신을 주심 같이 하라 26: 이는 곧 물로 씻어 말씀으로 깨끗하게 하사 거룩하게 하시고 27: 자기 앞에 영광스러운 교회로 세우사 티나 주름 잡힌 것이나 이런 것들이 없이 거룩하고 흠이 없게 하려 하심이라 28: 이와 같이 남편들도 자기 아내 사랑하기를 자기 자신과 같이 할지니 자기 아내를 사랑하는 자는 자기를 사랑하는 것이라

그래서 돕는 배필은 잠31:10, 잠31:30절의 말씀처럼 하나님의 사람과의 결혼으로 연합하여 하나님께로부터 받은 하나님의 사명을 사역으로 서로 잘 감당할 수 있도록 힘이 되어 줄 수 있어야 하며 하나님의 사람과 함께 이룬 하나님의 가정을 믿음의 유업으로 이어갈 수 있도록 자녀양육에 대하여 준비하여 돕는 배필에게 주어진 역할적 사명에 대한 영적인 지혜와 지식이 필요합니다.

잠31:10: 누가 현숙한 여인을 찾아 얻겠느냐 그의 값은 진주보다

더 하니라

잠31:30: 고운 것도 거짓되고 아름다운 것도 헛되나 오직 여호와를 경외하는 여자는 칭찬을 받을 것이라

그래서 결혼을 만드신 하나님의 목적대로 하나님이 원하시는 가정을 이루어 드릴 수 있는 것이 돕는 배필에 있어서 가장 큰 사명임을 알아야 합니다.

4) 부부의 정의

부부의 정의는 하나님의 일(사명)을 위임받아 연합된 사역자적 관계 또는 하나님이 원하시는 피조물의 나라와 세상을 위임받은 사역자를 말합니다.

하나님은 이 땅 위에 결혼을 만드시고 결혼을 통하여 하나님이 원하시는 결혼(가정) 중심적 신앙생활로 하나님이 원하시는 피조물의 나라와 세상을 이루고자 하셨는데 이 일의 주체가 바로 '부부'라는 것입니다.

신약시대에서는 주의 제자들과 성도들이었고 구약시대에서는 선지자와 제사장들이 하나님의 일에 적임자로 부르심을 받았다면 창조시대는 부부가 적임자로 부르심을 받았기 때문입니다.

그러므로 결혼사역에 있어서 하나님의 사람에서 돕는 배필로 성장하여 결혼해서 부부가 된다는 것은 결혼을 중심으로 가정중

심적 신앙생활로 하나님이 원하시는 피조물의 나라와 세상을 이루고자 하신 결혼문화 사역에 상당히 중요한 의미를 가지고 있습니다. 그것은 창1:26-28절의 말씀에서도 알 수 있듯이 하나님이 원하시는 피조물의 나라와 세상을 맡기시기 위한 실질적인 사역이기 때문입니다.

> 창1:26: 하나님이 이르시되 우리의 형상을 따라 우리의 모양대로 우리가 사람을 만들고 그들로 바다의 물고기와 하늘의 새와 가축과 온 땅과 땅에 기는 모든 것을 다스리게 하자 하시고 27: 하나님이 자기 형상 곧 하나님의 형상대로 사람을 창조하시되 남자와 여자를 창조하시고 28: 하나님이 그들에게 복을 주시며 하나님이 그들에게 이르시되 생육하고 번성하여 땅에 충만하라, 땅을 정복하라, 바다의 물고기와 하늘의 새와 땅에 움직이는 모든 생물을 다스리라 하시니라

그래서 부부사역에 있어서 가장 중요한 것은,
(1) 하나님이 결혼을 통하여 연합하게 하신 목적을 이루어 하나님의 기업이 되게 하는 것이며,
(2) 사역을 이룬 하나님의 기업(사명)을 믿음의 유업으로 이어갈 자녀를 계획하며 하나님의 가정을 이룰 준비를 하는 것입니다.

그래서 하나님이 창조시대는 에덴동산(창2:15)에서 구약시대는 가나안 땅(출3:8)에서 신약시대는 새 예루살렘과 새 땅(계21:1-2, 사66:22)에서 하나님의 자녀와 후손들이 들어가 각 지파와 종족을 이루며 하나님이 원하시는 피조물의 나라와 세상에서 번성하며 땅에 충만하여 하나님께서 인류를 창조하신 것을 창1: 4, 10,

12, 18, 21, 25, 31절에 말씀하시는 것처럼 "하나님이 보시기에 심히 좋았더라" 하실 수 있도록 이 세상에서와 장차 오는 세상에서의 주어진 영적인 부부사역의 중요성을 알고 하나님의 뜻대로 감당할 수 있어야 함을 알아야 합니다.

창2:15: 여호와 하나님이 그 사람을 이끌어 에덴 동산에 두어 그것을 경작하며 지키게 하시고

출3:8: 내가 내려가서 그들을 애굽인의 손에서 건져내고 그들을 그 땅에서 인도하여 아름답고 광대한 땅, 젖과 꿀이 흐르는 땅 곧 가나안 족속, 헷 족속, 아모리 족속, 브리스 족속, 히위 족속, 여부스 족속의 지방에 데려가려 하노라

계21:1: 또 내가 새 하늘과 새 땅을 보니 처음 하늘과 처음 땅이 없어졌고 바다도 다시 있지 않더라 2: 또 내가 보매 거룩한 성 새 예루살렘이 하나님께로부터 하늘에서 내려오니 그 준비한 것이 신부가 남편을 위하여 단장한 것 같더라

사66:22: 내가 지을 새 하늘과 새 땅이 내 앞에 항상 있는 것 같이 너희 자손과 너희 이름이 항상 있으리라 여호와의 말이니라

창1:31: 하나님이 지으신 그 모든 것을 보시니 보시기에 심히 좋았더라 저녁이 되고 아침이 되니 이는 여섯째 날이니라

5) 부모의 정의

부모의 정의는 "부부로 맺어진 사명으로 하나님의 가정을 이룰

연합된 사역자" 또는 "하나님이 원하시는 가정을 이룬 사역자"로 말할 수 있습니다. 이 말의 의미는, 부부는 하나님의 일에 사역자로 부름을 받았다면 부모는 부부로서 부름받은 하나님 사역의 일을 완성하는 사역자로 말할 수 있다는 것입니다.

그러므로 부부사역은 하나님이 원하시는 피조물의 나라와 세상을 만들 수 있게 하기 위한 결혼문화 사역의 시작이라고 말할 수 있으며, 부모사역은 부부의 결혼문화 사역을 기반으로 나의 가정에 향하신 하나님의 계획을 완성하여 이 땅위에 하나님이 원하시는 피조물의 나라와 세상을 이룰 수 있게 하는 하나님의 가정을 마5:13-16절의 말씀처럼 하나님이 결혼을 만드신 결혼의 의를 세상에 완성하는 것을 말합니다.

> 마5:13: 너희는 세상의 소금이니 소금이 만일 그 맛을 잃으면 무엇으로 짜게 하리요 후에는 아무 쓸 데 없어 다만 밖에 버려져 사람에게 밟힐 뿐이니라 14: 너희는 세상의 빛이라 산 위에 있는 동네가 숨겨지지 못할 것이요 15: 사람이 등불을 켜서 말 아래에 두지 아니하고 등경 위에 두나니 이러므로 집 안 모든 사람에게 비치느니라 16: 이같이 너희 빛이 사람 앞에 비치게 하여 그들로 너희 착한 행실을 보고 하늘에 계신 너희 아버지께 영광을 돌리게 하라

부부의 정의와 부모의 정의가 유사성이 있어서 어찌 보면 별 차이 없이 보여집니다. 그러나 부부사역과 부모사역의 내용을 보면 다름을 알 수 있습니다.

부부사역과 부모사역의 차이는 자녀가 '있느냐 없느냐'에서 나

누어지게 됩니다.

그래서 부부에게 자녀가 없으면 부부에게 주어진 사명은 유지되어도 부모사역의 사역은 주어지지 않습니다. 그러나 창1:26-28절의 말씀을 보면 결혼은 자녀 출산 또는 재생산(reproduction)을 전제하에 하나님께서 만드신 인류의 '결혼제도'임을 알 수 있습니다. 그 이유는 말씀에서 알 수 있듯이 결혼 이후 자녀가 없으면 하나님이 원하시는 피조물의 나라와 세상을 만들어 갈 수가 없게 되기 때문입니다.

> 창1:26: 하나님이 이르시되 우리의 형상을 따라 우리의 모양대로 우리가 사람을 만들고 그들로 바다의 물고기와 하늘의 새와 가축과 온 땅과 땅에 기는 모든 것을 다스리게 하자 하시고 27: 하나님이 자기 형상 곧 하나님의 형상대로 사람을 창조하시되 남자와 여자를 창조하시고 28: 하나님이 그들에게 복을 주시며 하나님이 그들에게 이르시되 생육하고 번성하여 땅에 충만하라, 땅을 정복하라, 바다의 물고기와 하늘의 새와 땅에 움직이는 모든 생물을 다스리라 하시니라

그러므로 부부사역은 부부중심으로, 부모사역은 자녀를 주시는 목적을 중심으로 사역이 이루어지는 것을 알 수 있습니다.

그래서 부모사역에 있어서 가장 중요한 것은,
첫 번째, 자녀가 부모에게서 태어난 이유와 목적을 영적으로 잘 알려 주는 것입니다.
두 번째, 하나님의 사람으로 양육할 수 있어야 합니다.
세 번째, 하나님이 원하시는 결혼으로 하나님이 원하시는 가정

을 이룰 수 있는 영적인 지혜와 지식을 갖추게 하는 것입니다.

네 번째, 부모는 자녀에게서 먼저 된 자로서 먼저 하나님이 원하시는 가정을 이루는 삶과 생활로 본이 되고 덕이 되어야 한다는 것입니다.

다섯 번째, 부모가 받은 하나님의 사명을 믿음의 유업으로 이어갈 수 있게 해야 합니다.

이것이 중요한 이유는 하나님이 원하시는 피조물의 나라와 세상을 이룰 수 있는 우리 가정에 향하신 하나님의 계획과 뜻이 부모세대에서 끊기지 않고 다음세대로 계속 이어져 나아가게 하기 위한 것이기 때문입니다.

그러므로 하나님이 원하시는 결혼을 하고자 하는 하나님의 사람들은 하나님이 결혼을 만드신 목적과 함께 하나님이 부모에게 자녀를 주시는 목적을 영적으로 이해하고 알아서 하나님이 원하시는 부모가 될 준비를 하고 결혼을 하며 자녀를 낳아야 한다는 것을 분명히 알아야 합니다.

6) 조부모의 정의(결혼문화사역의 지혜자)

조부모의 정의는 "다음세대를 위하여 준비하는 연합된 사역자" 또는 "가족사역의 지혜자"(인도자, 길잡이)로 말할 수 있습니다.

부모사역은 결혼의 목적에 대한 사명을 기준으로 하나님이 원하시는 피조물의 나라와 세상을 위하여 이룬 하나님의 가정을 자녀에게 믿음의 유업으로 대물림하게 하여 하나님이 원하시는 피조물의 나라와 세상을 지속적으로 이루어 가게 하는 것이라면,

조부모의 사역은 신6:1-9절의 말씀 중에 2절을 보면 "너와" 라는 말씀이 나오는데 이를 가리키는 것은 "조부(祖父)"인 할아버지를 말씀하고 있는 것을 알 수 있습니다. 그리고 조부(祖父)가 아들과 손자들에게 신앙의 법에 대하여, 믿음에 대하여, 생활에 대하여 강론하며 가르치라고 하나님이 명령하신 것을 알 수 있습니다.

이것은 영적으로 가족신앙의 뿌리의 영양을 자녀와 손자, 손녀들에게 공급해 주는 사역으로서 우리 가정에 향하신 하나님의 계획과 뜻에 대하여 그리고 더 나아가 하나님이 원하시는 피조물의 나라와 세상을 이룰 민족 전체에 대한 신앙의 삶과 생활에 대하여 잊지 않고 기억하며 지켜 행할 수 있게 하기 위한 것인 것을 알 수 있습니다.

> 신6:1: 이는 곧 너희의 하나님 여호와께서 너희에게 가르치라고 명하신 명령과 규례와 법도라 너희가 건너가서 차지할 땅에서 행할 것이니 2: 곧 너와 네 아들과 네 손자들이 평생에 네 하나님 여호와를 경외하며 내가 너희에게 명한 그 모든 규례와 명령을 지키게 하기 위한 것이며 또 네 날을 장구하게 하기 위한 것이라 3: 이스라엘아 듣고 삼가 그것을 행하라 그리하면 네가 복을 받고 네 조상들의 하나님 여호와께서 네게 허락하심 같이 젖과 꿀이 흐르는 땅에서 네가 크게 번성하리라 4: 이스라엘아 들으라 우리 하나님 여호와는 오직 유일한 여호와이시니 5: 너는 마음을 다하고 뜻을 다하고 힘을 다하여 네 하나님 여호와를 사랑하라 6: 오늘 내가 네게 명하는 이 말씀을 너는 마음에 새기고 7: 네 자녀에게 부지런히 가르치며 집에 앉았을 때에든지 길을 갈 때에든지 누워 있을 때에든지 일어날 때에든지 이 말씀을 강론할 것이며 8: 너는 또 그것을 네 손목에

매어 기호를 삼으며 네 미간에 붙여 표로 삼고 9: 또 네 집 문설주
와 바깥 문에 기록할지니라

하나님이 이렇게 하신 이유는 우리의 신앙생활에서 쉽게 알 수 있듯이 믿음이 없는 한 사람이 히5:13-14, 고전13:11의 말씀과 같이 신앙이 성숙한 하나님의 사람으로 성장하기까지 많은 교육과 시행착오와 훈련을 거쳐서 하나님의 사람이 되는 것을 알 수 있습니다.

히5:13: 이는 젖을 먹는 자마다 어린 아이니 의의 말씀을 경험하지 못한 자요 14: 단단한 음식은 장성한 자의 것이니 그들은 지각을 사용하므로 연단을 받아 선악을 분별하는 자들이니라

고전13:11: 내가 어렸을 때에는 말하는 것이 어린 아이와 같고 깨닫는 것이 어린 아이와 같고 생각하는 것이 어린 아이와 같다가 장성한 사람이 되어서는 어린 아이의 일을 버렸노라

이것은 하나님의 사람에게 하나님의 사명과 사역이 주어지기 전에 하나님의 사명과 사역을 감당할 수 있는 신앙의 기초적인 능력(지혜와 지식) 또는 장성한 신앙의 힘을 길러서 하나님의 사명과 사역이 주어질 때 감당할 수 있게 하기 위한 하나님의 계획임을 알 수 있습니다.

아쉬운 것은 이 과정이 짧은 시간 내에 되는 것이 아니라 장기간의 시간이 소요되는 것을 우리는 잘 알고 있습니다. 그래서 하나님은 이것을 보안하기 위하여 가정 구성요소를 3대로 조부모,

부모, 자녀로 구성한 것이 아닌가 하는 생각을 해봅니다.

이는 하나님의 가정을 이루기 위하여 결혼한 자녀가 자녀를 낳아서 믿음이 없는 어린 자녀를 하나님의 사람으로 성장시켜 하나님이 원하시는 가정을 이루어 가기에는 성장 과정에 필요한 영적인 경험이 부족한 부모보다는 경험이 많은 조부모가 조력자가 되어 부모와 함께 손자, 손녀들에게 하나님이 원하시는 하나님의 가정을 이룰 수 있는 영적인 결혼관에 대하여 눅6:48-49절의 말씀과 같이 잘 가르쳐주는 것을 말합니다.

> 눅6:48: 집을 짓되 깊이 파고 주추를 반석 위에 놓은 사람과 같으니 큰 물이 나서 탁류가 그 집에 부딪치되 잘 지었기 때문에 능히 요동하지 못하게 하였거니와 49: 듣고 행하지 아니하는 자는 주추 없이 흙 위에 집 지은 사람과 같으니 탁류가 부딪치매 집이 곧 무너져 파괴됨이 심하니라 하시니라

그러므로 조부모사역이 중요한 것은,
(1) 자녀와 손자, 손녀들에게 하나님이 결혼을 만드신 목적을 가르쳐 주는 것입니다.
(2) 자녀가 부모에게서 태어난 이유와 목적을 설명해 주는 것입니다.
(3) 우리 가정에 향하신 하나님의 계획과 뜻을 알려 주는 것입니다.
(4) 하나님이 원하시는 하나님의 가정을 왜 이루어야 하는지를 깨닫게 해주는 것입니다.
(5) 하나님이 원하시는 결혼은 하나님의 사람만이 가능함을 알

려 주어야 합니다.

(6) 결혼은 하나님의 원하시는 피조물의 나라와 세상을 만들기 위하여 피조물인 인류에게 주어진 지상명령임을 반드시 가르쳐 줘야 합니다.

그래서 조부모는 조부모가 가지고 있는 삶에 대한 신앙의 지혜와 지식으로 가정신앙의 조언자(Mentor)가 되어 자녀와 후손들 인생의 등대가 되어 옳은 신앙의 길로 인도해야 하는 사명이 주어져 있음을 알고 자녀와 후손들이 온전히 하나님의 사람으로 성장할 수 있도록 신앙의 밑거름이 되어 주어야 하는 중요한 사역자임을 잊어서는 안 됩니다.

참고로,
출20:12절의 말씀을 보면 십계명 중에 "네 부모를 공경하라"라는 말씀이 있습니다. 그런데 레19:32절의 말씀을 보면 자손들에게 부모보다 조부모 격인 노인들을 더 공경할 것을 요구하고 있는 것을 알 수 있습니다.

출20:12: 네 부모를 공경하라 그리하면 네 하나님 여호와가 네게 준 땅에서 네 생명이 길리라

레19:32 너는 센 머리 앞에서 일어서고 노인의 얼굴을 공경하며 네 하나님을 경외하라 나는 여호와이니라

그 이유는 히브리어 말로 노인을 "자켄(זָקֵן Zāqēn)"이라 하는데 이 말의 의미는 단순한 노인을 가리키는 말이 아닌 지혜자인 "장

로"를 뜻하는 말로서 잠16:31, 딤전5:17절 등의 말씀처럼 신앙의 지혜자로 선한 영향력을 끼치는 지도자(리더자)를 말하고 있기 때문입니다.

   잠16:31: 백발은 영화의 면류관이라 공의로운 길에서 얻으리라

   딤전5:17: 잘 다스리는 장로들은 배나 존경할 자로 알되 말씀과 가르침에 수고하는 이들에게는 더욱 그리할 것이니라

7) 자녀의 정의

   자녀의 정의는 "부모에게 주어진 하나님의 사명을 믿음의 유업으로 이을 자" 또는 시127:3절의 말씀처럼 "하나님이 주신 신앙의 유업과 기업을 잇기 위하여 부모에게 주신 선물이자 상급" 그리고 창1:26-28절의 말씀과 같이 "하나님이 원하시는 피조물의 나라와 세상의 부흥을 위하여 준비된 자"라고 말할 수 있습니다.

   시127:3: 보라 자식들은 여호와의 기업이요 태의 열매는 그의 상급이로다

   창1:26: 하나님이 이르시되 우리의 형상을 따라 우리의 모양대로 우리가 사람을 만들고 그들로 바다의 물고기와 하늘의 새와 가축과 온 땅과 땅에 기는 모든 것을 다스리게 하자 하시고 27: 하나님이 자기 형상 곧 하나님의 형상대로 사람을 창조하시되 남자와 여자를 창조하시고 28: 하나님이 그들에게 복을 주시며 하나님이 그들에게 이르시되 생육하고 번성하여 땅에 충만하라, 땅을 정복하라, 바다

의 물고기와 하늘의 새와 땅에 움직이는 모든 생물을 다스리라 하시니라

하나님은 인류의 조상인 아담과 하와를 창조하시고 아담과 하와를 통해서 하나님이 원하시는 인류의 창조목적을 이루기 위하여 결혼을 창2:21-25절의 말씀과 같이 만드셨습니다.

그리고 하나님이 원하시는 피조물의 나라와 세상을 지속화하기 위하여 결혼하여 부부가 된 아담과 하와에게 자녀를 주시게 됩니다. 그래서 결혼이 인류에게 하나님이 원하시는 피조물의 나라와 세상을 이루기 위한 지상명령으로 결혼이 제도화된 것을 알 수 있습니다.

왜냐하면 이것은 한, 두 사람에 의해서 될 일이 아니라 창1:26-28절의 말씀에서와 같이 인류 전체가 번성하며 땅에 충만해야 할 하나님의 일로서 인류가 창조되었기 때문입니다.

그러므로 결혼이 가지고 있는 의미를 보면 하나님이 원하시는 인류의 부흥을 전제로 말하고 있는 것을 알 수 있게 합니다.

이 말의 의미는 자녀가 곧 결혼의 부흥을 의미한다는 것입니다. 그래서 자녀가 부모에게서 태어나는 이유가 이것 때문이며, 결혼한 모든 부부들은 자녀를 낳아야 하는 이유가 이것 때문입니다. 다시 말해서 자녀가 없었다면 하나님이 원하시는 피조물의 나라와 세상을 이루고자 하신 창1:26-28절의 말씀은 하지 않으셨을 것이며, 창2:21-25절에 아담과 하와의 결혼에 대한 말씀이

기록되지 않았을 것이며, 창2:18절에 결혼을 위하여 돕는 배필을 하나님이 만들지 않으셨을 것이며, 오늘날 저와 여러분들도 이 땅위에 존재 하지 않았을 것이라는 것입니다.

> 창2:21: 여호와 하나님이 아담을 깊이 잠들게 하시니 잠들매 그가 그 갈빗대 하나를 취하고 살로 대신 채우시고 22: 여호와 하나님이 아담에게서 취하신 그 갈빗대로 여자를 만드시고 그를 아담에게로 이끌어 오시니 23: 아담이 이르되 이는 내 뼈 중의 뼈요 살 중의 살 이라 이것을 남자에게서 취하였은즉 여자라 부르리라 하니라 24: 이러므로 남자가 부모를 떠나 그의 아내와 합하여 둘이 한 몸을 이룰지로다 25: 아담과 그의 아내 두 사람이 벌거벗었으나 부끄러워 하지 아니하니라

> 창2:18: 여호와 하나님이 이르시되 사람이 혼자 사는 것이 좋지 아니하니 내가 그를 위하여 돕는 배필을 지으리라 하시니라

이것을 보면 결혼에 있어서 자녀가 얼마나 중요한 역할을 하는지를 알게 합니다. 그러므로 하나님이 원하시는 결혼을 하고자 하는 하나님의 사람들은 결혼의 목적이 두 사람에게만 있는 것이 아니라 두 사람 사이에서 태어나는 자녀를 포함하고 있다는 것을 알고 하나님이 원하시는 결혼과 가정을 이룰 준비를 할 수 있어야 함을 알아야 합니다.

왜냐하면 현재 하나님이 원하시는 피조물의 나라와 세상을 부부를 통해서 이루시고 있다면 부모세대 이후 미래에 하나님이 원하시는 나라와 세상은 자녀를 통해서 지속적으로 세대와 세대로

이어갈 수 있어야 하기 때문입니다.

그래서 부모에게서 자녀가 태어나면 부모의 신앙과 함께 결혼할 때 받은 하나님의 사명을 중심으로 시127:3절의 말씀과 같이 자녀에게 믿음의 유업을 잇게 하는 신앙의 양육과 교육으로 세상에 하나님의 기업으로 세워질 수 있도록 하여 하나님이 원하시는 피조물의 나라와 세상의 부흥을 위한 다음 세대로 준비되어야 합니다.

8) 하나님의 자녀의 정의

하나님의 자녀는 믿음이 없었던 어린 자녀에게 살아있는 부모의 영적인 신앙의 양육과 교육으로 하나님이 부모에게 자녀를 주시는 목적을 깨닫고 엡5:14절의 말씀처럼 잠자던 영혼이 영적으로 깨어나 요14:17절의 말씀과 같이 눈에 보여지는 육적인 현실에서 눈에 보이지 않는 영적인 현실(진리)이 있음을 이해하고 인격적(마음으로)으로 하나님을 받아들이는 과정에서 사41:10절의 말씀같이 영적으로 하나님과 친밀하고 신뢰적 관계가 형성된 신앙인을 말합니다.

> 엡5:14: 그러므로 이르시기를 잠자는 자여 깨어서 죽은 자들 가운데서 일어나라 그리스도께서 너에게 비추이시리라 하셨느니라
>
> 요14:17: 그는 진리의 영이라 세상은 능히 그를 받지 못하나니 이는 그를 보지도 못하고 알지도 못함이라 그러나 너희는 그를 아나니 그는 너희와 함께 거하심이요 또 너희 속에 계시겠음이라

사41:10: 두려워하지 말라 내가 너와 함께 함이라 놀라지 말라 나는 네 하나님이 됨이라 내가 너를 굳세게 하리라 참으로 너를 도와주리라 참으로 나의 의로운 오른손으로 너를 붙들리라

그러므로 하나님 자녀의 정의는 "하나님의 영적인 의를 부정하지 않고 긍정적으로 인정하는 자" 또는 "영적인 체험의 확신으로 신앙의 의를 나타내고자 하는 자"라고 말할 수 있습니다.

이것은 믿음이 없는 자녀에서 하나님과의 인격적인 만남으로 하나님의 자녀로 신앙 성장을 함에 있어 꼭 필요한 과정처럼 결혼의 정립 과정에서도 모르고 있었던 영적인 결혼의 중요성을 알고 영적으로 하나님이 원하시는 결혼을 올바르게 이해하고 하나님이 원하시는 결혼의 의를 이루고자 하는 신앙 의식을 갖출 수 있게 하는 성장 과정이 꼭 있어야 한다는 것입니다.

만약에 인격적으로 이러한 하나님의 자녀로 성장하는 과정 없이 하나님의 사람으로 성장할 수도 없겠지만 성장 한다고 할지라도 우리가 잘 알고 있는 요나(욘4:1-4)와 같은 영적인 사춘기가 올 때 하나님께로부터 받은 하나님의 사명을 하나님의 뜻이 아닌 나의 뜻을 하나님의 이름으로 나의 의를 이루고자 하는 신앙의 모습에서 하나님의 사람으로는 부족한 모습들을 발견하게 될 것입니다.

욘4:1: 요나가 매우 싫어하고 성내며 2: 여호와께 기도하여 이르되 여호와여 내가 고국에 있을 때에 이러하겠다고 말씀하지 아니하였나이까 그러므로 내가 빨리 다시스로 도망하였사오니 주께서는 은

혜로우시며 자비로우시며 노하기를 더디하시며 인애가 크시사 뜻을 돌이켜 재앙을 내리지 아니하시는 하나님이신 줄을 내가 알았음이니이다 3: 여호와여 원하건대 이제 내 생명을 거두어 가소서 사는 것보다 죽는 것이 내게 나음이니이다 하니 4: 여호와께서 이르시되 네가 성내는 것이 옳으냐 하시니라

9) 피조물의 정의

피조물의 정의는 창1:1, 창1:26-28, 딤후2:20-21, 롬12:3절 등의 말씀처럼 "주인의 필요와 목적에 따라 창조되거나 만들어진 도구"를 말합니다. 그러므로 피조물은 창1:4, 10, 12, 18, 21, 25, 31절에 공통적으로 "하나님이 보시기에 심히 좋았더라" 하신 말씀처럼 주인이 의도와 필요 및 목적과 뜻에 따라 쓰임 받는 것이 피조물 최고의 삶이며, 주인에게 피조물로서의 존재가치를 인정받는 것이 최상의 삶인 것을 알 수 있습니다.

창1:1: 태초에 하나님이 천지를 창조하시니라

창1:26: 하나님이 이르시되 우리의 형상을 따라 우리의 모양대로 우리가 사람을 만들고 그들로 바다의 물고기와 하늘의 새와 가축과 온 땅과 땅에 기는 모든 것을 다스리게 하자 하시고 27: 하나님이 자기 형상 곧 하나님의 형상대로 사람을 창조하시되 남자와 여자를 창조하시고 28: 하나님이 그들에게 복을 주시며 하나님이 그들에게 이르시되 생육하고 번성하여 땅에 충만하라, 땅을 정복하라, 바다의 물고기와 하늘의 새와 땅에 움직이는 모든 생물을 다스리라 하시니라

딤후2:20: 큰 집에는 금 그릇과 은 그릇뿐 아니라 나무 그릇과 질 그릇도 있어 귀하게 쓰는 것도 있고 천하게 쓰는 것도 있나니 21: 그러므로 누구든지 이런 것에서 자기를 깨끗하게 하면 귀히 쓰는 그릇이 되어 거룩하고 주인의 쓰심에 합당하며 모든 선한 일에 준비함이 되리라

롬12:3: 내게 주신 은혜로 말미암아 너희 각 사람에게 말하노니 마땅히 생각할 그 이상의 생각을 품지 말고 오직 하나님께서 각 사람에게 나누어 주신 믿음의 분량대로 지혜롭게 생각하라

그렇지만 반대로 피조물로서 주인의 필요와 목적에 맞게 쓰임을 받지 못한다면 무익한 피조물이 되어 존재가치는 필요와 상황에 따라 다르겠지만 외면받거나 마25:30절의 말씀과 같이 버림을 받을 수도 있습니다.

마25:30: 이 무익한 종을 바깥 어두운 데로 내 쫓으라 거기서 슬피 울며 이를 갈리라 하나라

이것은 주인에게 인정을 받는 피조물과 인정을 받지 못하는 피조물의 차이를 극명하게 보여주는 예로서 하나님의 피조물인 우리들에게 경종을 울려주고 있음을 알 수 있습니다.

그러므로 피조물은 사64:8절의 말씀처럼 내가 어떤 존재로 지음을 받았으며, 어떤 필요와 목적에 의하여 창조되었는지를 분명히 알고 주인의 뜻을 따라 쓰임 받기 위하여 항상 깨어 있어야 합니다.

사64:8: 그러나 여호와여, 이제 주는 우리 아버지시니이다 우리는 진흙이요 주는 토기장이시니 우리는 다 주의 손으로 지으신 것이니이다

그래서 피조물에게 있어서 잊어서는 안 되는 중요한 것이 있는데, 그것은 다음과 같습니다.

(1) 피조물의 본분입니다.

피조물은 피조물일 뿐 주인이 될 수 없습니다. 그러므로 피조물에게 있어야 하는 것은 나를 위한 주인의식이 아니라 주인을 위한 피조물의 본분 의식입니다. 피조물이 피조물의 본분 의식에서 벗어나 주인의식을 가지려 한다면 갖는 즉시 사29:16, 잠17:20절 등의 말씀과 같이 피조물은 주인에게서 피조물의 존재가치가 사라지게 되기 때문입니다.

사29:16: 너희의 패역함이 심하도다 토기장이를 어찌 진흙 같이 여기겠느냐 지음을 받은 물건이 어찌 자기를 지은 이에게 대하여 이르기를 그가 나를 짓지 아니하였다 하겠으며 빚음을 받은 물건이 자기를 빚은 이에게 대하여 이르기를 그가 총명이 없다 하겠느냐

잠17:20: 마음이 굽은 자는 복을 얻지 못하고 혀가 패역한 자는 재앙에 빠지느니라

(2) 주인이 맡기신 일(사명)입니다.

피조물은 주인의 필요와 목적에 의하여 창조되었거나 만들어졌으므로 주인이 피조물의 재능에 맞게 맡기신 일이 무엇인지 분명히 알고 주인의 뜻대로 원하는 결과를 나타낼 수 있어야 합니다. 그 이유는 마25:14-19절의 말씀처럼 주인이 원하는 결과를 얻기 위하여 피조물들에게 주인의 일이 맡기셨기 때문입니다.

> 마25:14: 또 어떤 사람이 타국에 갈 때 그 종들을 불러 자기 소유를 맡김과 같으니 15: 각각 그 재능대로 한 사람에게는 금 다섯 달란트를, 한 사람에게는 두 달란트를, 한 사람에게는 한 달란트를 주고 떠났더니 16: 다섯 달란트 받은 자는 바로 가서 그것으로 장사하여 또 다섯 달란트를 남기고 17: 두 달란트 받은 자도 그같이 하여 또 두 달란트를 남겼으되 18: 한 달란트 받은 자는 가서 땅을 파고 그 주인의 돈을 감추어 두었더니 19: 오랜 후에 그 종들의 주인이 돌아와 그들과 결산할새

그래서 피조물은 주인에게 맡겨진 주인의 것을 다시 주인이 찾으신다는 것을 철칙으로 알고 맡겨진 주인의 일에 열심을 다해 마25:21절의 말씀과 같이 주인에게 인정받고 복을 받은 것이 더 현명한 삶인 것을 알아야 합니다.

> 마25:21: 그 주인이 이르되 잘하였도다 착하고 충성된 종아 네가 적은 일에 충성하였으매 내가 많은 것을 네게 맡기리니 네 주인의 즐거움에 참여할지어다 하고

그러므로 하나님이 원하시는 피조물의 나라와 세상을 이루시기 위하여 인류에게 맡겨진 결혼사역 또한 하나님이 원하시는 결혼의 삶과 생활로 하나님이 원하시는 결혼의 결과를 하나님이 원하

시는 때에 우리들에게서 찾으신다는 것을 알고 하나님이 결혼을 만드신 목적대로 순종하며 충성하는 피조물의 본분의 삶이 있어야 함을 잊어서는 안 됩니다.

2. 결혼의 과정(過程)

일반적으로 모든 일에는 일에 대한 과정을 거쳐서 완성되게 됩니다. 이 과정은 성경에서 말하고 있는 결혼에도 동일하게 진행됩니다. 모든 일이 그러하겠지만 일의 과정에 따라 일의 내용과 결과가 나타나게 되므로 일이 진행되는 과정들 하나, 하나가 중요한 역할을 하게 됩니다.

그것은 하나의 과정이 막히면 다음으로 진행해야 할 일들을 진행할 수 없게 되기 때문입니다. 그래서 어떤 일을 하고자 할 때 일머리를 알고 하는 것이 중요합니다. 일의 과정에 있어서 순조롭게 진행할 수 있게 되어 일의 목표나 목적을 별문제 없이 온전히 이룰 수 있기 때문입니다.

이와 같이 성경에서 말하고 있는 결혼의 과정에 있어서도 하나님이 원하시는 결혼과 가정을 이루고자 한다면 결혼의 과정의 중요성을 알고 하나, 하나의 과정을 잘 준비하는 자세가 필요합니다. 왜냐하면 과정 안에 담고 있는 내용들이 단계별 성장을 통하여 하나의 과정들로 만들어지기 때문입니다.

마치 공부의 중요성을 알고 초등학교, 중학교, 고등학교, 대학교, 대학원에 이르기까지 학년별로 배워야 할 지혜와 지식의 과정들을 갖추고 자신이 원하는 목표와 목적을 이루고자 하는 것처럼 결혼의 과정을 통해서 하나님이 나에게 원하시는 결혼과 가정을 이루고자 하는 목표나 목적이 분명해야 한다는 것입니다.

그래서 결혼의 과정 안에서 결혼으로 하나님이 원하시는 피조물의 나라와 세상을 만들고자 하신 계획과 뜻에 대한 내용들을 단계별로 성장하며 알아 가면서 결혼과 관련된 삶과 생활을 지혜롭게 감당하며 하나님이 원하시는 피조물의 나라와 세상을 이룰 수 있는 하나님의 가정을 완성해 나아가는 영적인 지혜와 지식을 갖추는 것이 결혼의 과정의 중요성이라 할 수 있습니다.

> 히5:13: 이는 젖을 먹는 자마다 어린 아이니 의의 말씀을 경험하지 못한 자요 14: 단단한 음식은 장성한 자의 것이니 그들은 지각을 사용함으로 연단을 받아 선악을 분별하는 자들이니라

1) 단계별 성장

한국교회 청년들이나 자녀들이 하나님이 원하시는 결혼을 하고자 한다면 반드시 인지하고 알아야 하는 것이 있습니다. 그것은 결혼의 과정에서 나타나는 순서 하나, 하나가 가지고 있는 내용들의 중요성과 단계별 성장입니다. 이것이 중요한 이유는 결혼에 대한 하나님의 계획과 뜻이 과정 안에서 유지되면서 진행되어야 하기 때문입니다.

살전5:23: 평강의 하나님이 친히 너희를 온전히 거룩하게 하시고 또 너희의 온 영과 혼과 몸이 우리 주 예수 그리스도께서 강림하실 때에 흠 없게 보전되기를 원하노라

벧후3:14: 그러므로 사랑하는 자들아 너희가 이것을 바라보나니 주 앞에서 점도 없고 흠도 없이 평강 가운데서 나타나기를 힘쓰라

그러므로 이것을 모르면 하나님이 원하시는 결혼은 시작부터 하나님의 뜻대로 할 수 없게 됩니다. 기초가 안되어 있으면 다음 과정으로 넘어갈 수 없기 때문입니다. 다음 과정은 지금의 과정에 대한 영적인 지혜와 지식으로 현재의 영적인 상황을 하나님이 원하시는 계획과 뜻대로 만들어 가야 하기 때문입니다.

이것은 하나님의 사역 결혼문화에만 국한된 것이 아니라 우리가 하고 있는 신앙생활의 과정에서도 동일하게 적용됩니다. 그 좋은 예가 아브라함입니다.

창12:1-3절의 말씀을 보면 아브라함은 처음부터 하나님이 원하시는 뜻대로 쓰임 받을 수 있는 하나님의 사람이 아니었습니다. 하나님의 은혜로 아브라함은 창15:6, 창17:5, 창22:12절에서 알 수 있듯이 아브라함은 하나님에 대한 신앙 성장의 과정 안에서 단계별로 거듭나는 성장을 거쳐 하나님이 원하시는 믿음의 사람이 된 것을 말씀에서 볼 수 있습니다.

창12:1: 여호와께서 아브람에게 이르시되 너는 너의 고향과 친척과 아버지의 집을 떠나 내가 네게 보여 줄 땅으로 가라 2: 내가 너로

큰 민족을 이루고 네게 복을 주어 네 이름을 창대하게 하리니 너는 복이 될지라 3: 너를 축복하는 자에게는 내가 복을 내리고 너를 저주하는 자에게는 내가 저주하리니 땅의 모든 족속이 너로 말미암아 복을 얻을 것이라 하신지라

창15:6: 아브람이 여호와를 믿으니 여호와께서 이를 그의 의로 여기시고

창17:5: 이제 후로는 네 이름을 아브람이라 하지 아니하고 아브라함이라 하리니 이는 내가 너를 여러 민족의 아버지가 되게 함이니라

창22:12: 사자가 이르시되 그 아이에게 네 손을 대지 말라 그에게 아무 일도 하지 말라 네가 네 아들 독자까지도 내게 아끼지 아니하였으니 내가 이제야 네가 하나님을 경외하는 줄을 아노라

이렇게 아브라함은 신앙이 성장하는 과정 안에서 하나님이 원하시는 사람으로 검증되어 인정받기까지 신앙이 성숙해지는 단계별 성장을 하여 하나님이 원하시는 사람의 과정을 거쳐 하나님이 원하시는 믿음의 사람이 될 수 있었던 것입니다.

그러므로 하나님이 원하시는 결혼과 가정도 이와 같이 하나님이 원하시는 단계별 성장의 과정을 거쳐 하나님이 원하시는 결혼과 가정을 이룰 수 있는 결혼의 과정이 되어야 합니다.

2) 결혼의 과정(창1:26-28)

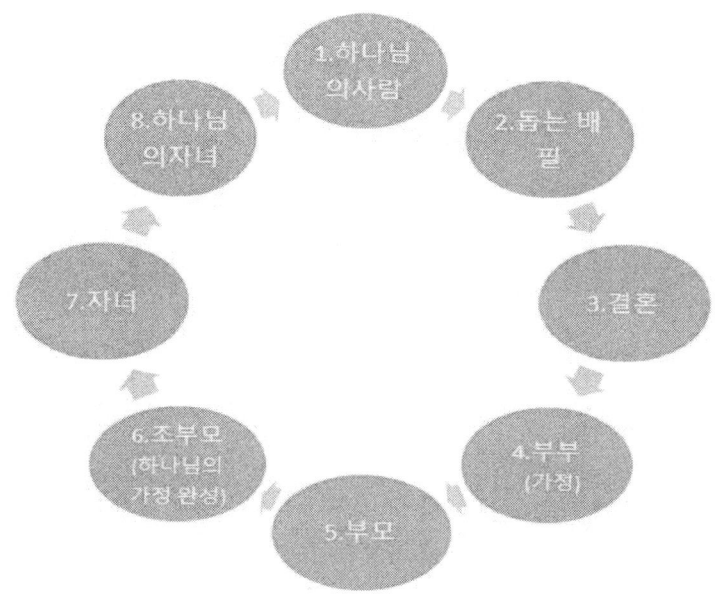

[표2 결혼의 과정]

성경에서 말하고 있는 결혼의 과정은 모두 8단계로 나누어 말할 수 있습니다. 이 결혼의 과정은 1단계에서 8단계에 이르는 "인생의 원"을 그리며 지속적으로 우리들의 삶 속에서 반복되는 과정으로 되어 있음을 성경에서 나타내고 있습니다.

하나님께서 이것을 결혼과 결혼에 관련된 삶과 생활의 틀로 우리 인류의 삶 속에 설정하셨기 때문입니다.

우리가 살아가는 인생의 역사와 문화가 결혼에서 ~ 결혼으로, 세대에서 ~ 세대로, 탄생에서 ~ 죽음으로, 죽음에서 ~ 탄생으로 계속 이어져가면서 하나님이 원하시는 피조물의 나라와 세상을 위하여 '생육하고 번성하여 땅에 충만해야 하는 결혼의 과정'으로 하나님의 피조물인 인류의 삶으로 계획해 놓으셨기 때문입니다

3) 하나님의 사람(하나님의 사역에 준비된 자)의 과정

> 시32:8: 내가 네 갈 길을 가르쳐 보이고 너를 주목하여 훈계하리로다

결혼의 과정에서 첫 번째 하나님의 사람은 하나님이 쓰시기에 합당한 사역자를 의미합니다. 히5:13-14절에 말씀하시는 것과 같이 "젖을 먹는 자마다 어린아이" "단단한 음식은 장성한 자의 것이니 그들은 지각을 사용함으로 연단을 받아 선악을 분별하는 자들이니라" 말씀하신 것처럼 하나님의 사람은 하나님의 일을 바로 감당할 수 있는 준비된 자를 말합니다.

이것은 하나님이 내게 향하신 하나님의 계획과 뜻을 알고 내가 가야 할 길, 해야 할 일, 이루어야 할 일이 무엇인지를 알아 하나님의 뜻대로 순종하며 행할 수 있는 믿음의 능력이 있는 상태임을 말합니다.

하나님의 자녀로 성장 되었을 때는 부모가 받은 하나님의 사명이 믿음의 유업으로 자녀에게 주어진 하나님의 사명이었다면 하나님의 사람은 일차적으로 자녀의 사명을 기준으로 가정에서 여

러(성령세례, 정체성, 가치관, 본분, 분복, 부르심, 사명, 사역, 응답, 의무(율법), 공동체, 헌신, 희생, 관계 등) 신앙 성장의 과정을 지나 이차적으로 내가 이 땅에 존재하는 이유와 목적을 하나님과의 인격적인 만남과 훈련(친밀함, 성령충만, 시험, 십자가..등)을 통해 자신에게 주어진 사명의 삶을 깨닫고 알아가면서 하나님의 부르심 앞에 순종과 충성으로 하나님이 원하시는 삶과 생활을 할 수 있는 자가 되어야 한다는 것입니다.

이것이 결혼의 과정에서 중요한 이유는 내게 주신 사명 안에 나와 함께 할 수 있는 배우자도 포함되었기 때문입니다. 사명에는 개인적인 사명으로 끝나는 것이 아니라 가정을 이루며 지속적으로 감당해야 하는 가정의 사명도 주어지기 때문입니다. 그러므로 하나님께 사명을 받는다는 것은 나와 부부사역을 함께 할 돕는 배필도 주어진다는 것을 알아야 합니다.

4) 돕는 배필(하나님의 사역 준비)의 과정

> 창2:18: 여호와 하나님이 이르시되 사람이 혼자 사는 것이 좋지 아니하니 내가 그를 위하여 돕는 배필을 지으리라 하시니라

하나님께서 돕는 배필을 만드신 이유는 하나님의 사람 혼자서는 하나님이 원하시는 하나님의 가정을 만들 수 없기 때문입니다. 그러므로 하나님의 사람에서 돕는 배필로 성장하는 것이 중요합니다. 돕는 배필에게 주어진 사명으로 하나님이 원하시는 가정을 이룰 수 있는 연합을 준비해야 하기 때문입니다.

* 돕는 배필의 과정에서 이 세 가지를 분명히 알아야 합니다.

(1) 하나님의 사람으로서 내게 향하신 하나님의 계획과 뜻을 알고서 내가 이 땅 위에서 하나님을 위하여 무엇을 어떻게 감당하며 살아가야 하는지를 아는 것입니다.

그 이유는 하나님이 내게 주신 사명을 알고 감당하는 것도 중요하지만 내게 맞는 배우자가 누구인지를 알 수 있는 제일 중요한 기준이 되기 때문입니다. 하나님의 사명은 나에게만 주어지는 것이 아니라 나와 함께 할 사람에게도 동일하게 주어지기 때문입니다. 내게 주시는 하나님의 사명을 정확히 알게 되면 배우자가 보이게 됩니다.

(2) 내게 주어진 하나님의 사명에 맞게 나와 함께 연합할 수 있는 배우자를 보아서, 들어서, 알 수 있는 영적인 지혜와 지식이 필요합니다.

이것은 하나님이 직접 음성이나 꿈으로 알려주시는 경우도 있지만 대부분 미성숙한 어린 자녀는 부모에게서 하나님의 자녀로 성장하게 될 때 부모가 받은 하나님의 사명을 서로 도와 감당하며 살아가는 모습을 통해 자녀는 보고 듣고 배우며 몸에 배이게 하는 것으로 얻어지는 영적인 지혜와 지식을 말합니다.

그래서 부모는 자녀들에게 자신들의 연합된 삶과 생활을 통해 부부로 가정을 이루며 살아가는 이유와 목적, 그리고 부모로 자녀를 낳아 살아가는 이유와 목적 등을 분명하고 정확하게 알려줘서 자녀들이 돕는 배필의 삶은 이런 것이구나! 부부로 살아가는 것은 이런 것이구나! 부모로 살아가는 것은 이런 것이구나! 라고 하는 것을 영적으로 인지하고 이해할 수 있게 해야 합니다.

그래야 자녀들이 내게 맞는 배우자를 찾고자 할 때 부모에게 보고 듣고 배운 그대로 이성과 감성이 아닌 '영성'으로 내 배우자를 찾고자 하는 지혜와 지식이 생길 것입니다.

(3) 돕는 배필로서 배우자를 위하여 무엇을 어떻게 도와야 하는지를 알아야 합니다.

돕는 배필에게 있어 숙제는 배우자에게 주어진 하나님의 일을 감당하는데 어려움 없이 잘 감당할 수 있도록 서로 돕는 것입니다. 그래서 서로를 도와 하나님의 사역자로 세워가면서 하나님이 원하시는 가정을 이루어야 한다는 것입니다.

이것을 잘 감당하려면 자신이 돕는 배필로서 내 배우자를 위하여 무엇을 도와주어야 하는지를 아는 것이 중요합니다. 결혼은 나를 위한 목적으로 하는 것이 아니라, 서로가 배우자를 돕는 목적으로 해야 하나님이 원하시는 하나님의 가정을 이룰 수 있기 때문입니다. 그리고 이것이 곧 나를 위한 것이 됩니다. 그 이유는 하나님의 피조물로 창조된 피조물들은 창1:31절에 "하나님이 보시기에 심히 좋았더라" 하실 수 있게 하는 섬기는 삶으로 하나님을 위한 삶과 생활로 살아가도록 창조되었기 때문입니다.

그래서 아담은 창2:23절에 이렇게 고백합니다.

창2:23: 아담이 이르되 이는 내 뼈 중의 뼈요 살 중의 살이라 이것을 남자에게서 취하였은즉 여자라 부르리라 하니라 이것은 하나님께서 주신 사명을 돕는 배필과 함께 감당할 수 있게 되었다는 피조물 본분의 의식에서 나오는 아담의 기쁨의 고백이라 말할 수 있습니다.

따라서 돕는 배필은 서로가 받은 하나님의 사명이 무엇인지를 알아서 온전히 연합할 수 있는 목적을 서로가 믿음으로 확인하고 사명으로 확신하여 실제로 몸과 마음이 하나가 되는 연합을 이룰 수 있는 영적인 동기부여가 있어야 합니다.

오늘날의 현실에 있어서는 하나님이 원하시는 돕는 배필로 성장한다는 것이 그리 쉬운 일이 아니라는 것을 잘 압니다. 그러나 우리는 반드시 하나님이 원하시는 돕는 배필로 성장을 해야 합니다. 그래야 하나님이 원하시는 영적인 결혼단계로 성장하여 실질적으로 하나님이 원하시는 가정을 이루어 가며 이 땅 위에 하나님이 원하시는 피조물의 나라와 세상을 이룰 수 있는 기반을 조성할 수 있기 때문입니다.

5) 결혼(하나님의 사역 합의, 사명 언약식)의 과정

결혼의 과정은 남, 여에게 사명으로 주신 하나님의 뜻과 계획을 이루기 위한 연합의 과정을 말합니다. 그러므로 결혼하고자 하는 하나님의 사람들은 서로에게 주어진 하나님의 사명에 대한 응답을 확인하고 결혼에 대한 하나님의 뜻과 계획으로 온전히 연합하여 서로 돕는 배필로서 하나님이 원하시는 결혼의 삶과 생활을 하겠다고 하는 사명의 언약 합의를 한 것을 말합니다.

이것은 하나님의 입장에서 결혼의 목적은 하나이기 때문입니다. 피조물인 사람들의 결혼으로 하나님이 원하시는 피조물의 나라와 세상을 이루어 완성하시는 것입니다.

그렇기 때문에 두 사람이 결혼하는 이유와 목적이 신앙 안에서 사명적으로 분명해야 합니다. 인간적으로 육적인 결혼이 진행된다면 하나님은 이러한 결혼과는 무관함을 알아야 합니다. 왜냐하면 하나님은 육체의 정욕, 이생의 자랑, 안목의 정욕(요일2:16)을 위하여 결혼을 만들지 않으셨기 때문이다.

> 요일2:16: 이는 세상에 있는 모든 것이 육신의 정욕과 안목의 정욕과 이생의 자랑이니 다 아버지께로부터 온 것이 아니요 세상으로부터 온 것이라

그러므로 결혼을 하고자 하는 이들은 분명히 알아야 할 것이 있습니다. 그것은 결혼을 하게 되면 결혼함과 동시에 자동적으로 결혼에 대한 하나님의 사명이 주어진다는 것입니다.

(1) 가정 천국을 이루어야 합니다.

세상에서 하나님의 나라를 전할 수 있는 곳은 교회와 가정입니다. 교회는 예배사역 안에서 결혼은 하나님의 가정 안에서 나타내며 보여 주어야 합니다. 그래서 결혼의 사명은 화목한 하나님의 가정을 이루는 것입니다. 세상에서 하나님의 나라와 세상은 가족 모두가 행복하며 즐거워하는 하나님의 가정 곧 천국의 가정에서 시작되기 때문입니다.

(2) 배우자와 함께 온전한 연합을 할 수 있어야 합니다.

결혼은 서로에게 주어진 사명 안에서 온전한 연합을 이루는 것을 전제로 만들어졌기 때문입니다. 하나님이 원하시는 하나님의 가정의 일은 혼자서가 아니라 둘이서 한 몸과 한마음으로 연합될 때 이루어지게 되어 있기 때문입니다. 혼자서 가능하다면 결혼을 만드실 이유가 없었을 것입니다. 그러므로 결혼은 하나님이 원하시는 피조물의 나라와 세상의 실현을 알리는 사역의 시작이라고 말할 수 있습니다. 그래서 우리들이 하는 결혼식이 하나님이 주신 사명을 서로 잘 도와서 감당하겠다고 하는 사명 언약식이 되는 것입니다.

(3) 하나님의 유업을 이을 수 있는 자녀 양육을 할 수 있어야 합니다.

하나님이 부모에게 자녀를 주시는 목적은 하나님의 일을 지속적으로 유지될 수 있게 하기 위해서입니다. 그러므로 부모는 하나님의 거룩한 결혼에 대한 목적과 뜻이 변질되지 않고 릴레이 경주와 같이 부모에게 주어진 하나님의 사명이 영적으로 살아서 자녀들에게 사명의 바통으로 세대에서 세대로 이어져 갈 수 있도록 할 수 있어야 합니다.

그 이유는 하나님이 원하시는 피조물의 나라와 세상을 위하여 결혼이 만들어진 것이기 때문입니다.

6) 부부(하나님의 사역 연합, 사역의 가정)의 과정

부부의 과정은 하나님의 가정을 이루기 위한 실질적인 사역의 과정입니다.

이전까지의 결혼의 과정은 하나님 원하시는 하나님의 가정을 이루기 위하여 준비하는 과정이었다면 부부의 과정은 하나님의 가정을 이루기 위하여 준비된 내용들을 가지고 하나님의 가정을 이루어 가는 사역의 과정을 말합니다.

이때는 하나님의 사역 결혼문화에 대하여 전반적인 이해와 인식이 영적으로 되어 있어야 하는 시기로서 결혼의 과정에서 볼 때 핵심적으로 중요한 과정이라고 말할 수 있습니다. 그 이유는 이때부터 하나님이 원하시는 하나님의 가정을 이루기 위하여 하나님의 가정을 조성해 가며 하나님의 가정의 기반을 하나님이 원하시는 뜻과 계획대로 하나님의 가정을 세워가는 사역자로 세워져야 하기 때문입니다.

이 말의 의미는 결혼으로 하나님이 원하시는 피조물의 나라와 세상을 만들고자 하신 세상 앞에 하나님의 결혼문화사역자로 세워진 것을 말합니다. 마치 충분한 연습을 마치고 나의 꿈의 무대 앞에 올라서 혼신의 힘을 다하여 감당하고자 하는 것처럼, 부부는 하나님의 가정을 이루기 위하여 마음과 뜻을 다하여 충성하는 하나님의 사역자가 되어야 합니다.

고전4:2: 그리고 맡은 자들에게 구할 것은 충성이니라 하나님께서 부부들에게 하나님이 원하시는 피조물의 나라와 세상을 만들어 갈 수 있도록 맡기셨기 때문입니다. 그러므로 하나님이 원하시는 결혼으로 하나님이 원하시는 가정을 이루고자 하시는 분들께서는 아셔야 할 것들이 있습니다.

(1) 부부는 하나님의 기름 부음을 받은 사역자입니다.

성경을 보면 하나님의 생기(창2:7)로 영적인 생명을 얻게 된 피조물인 사람은 생명력을 소유하게 되었고 가지고 있는 생명력을 결혼하여 부부가 된 커플에게 허락하신 성관계(창2:24-25)를 통해서 영적인 생명이 탄생 되게 하셨습니다. 그리고 영적으로 탄생 된 생명으로 하나님이 원하시는 피조물의 나라와 세상을 만들고자 하셨습니다.

성경에서 창조시대 때는 구약의 제사장과 선지자 그리고 신약의 주의 제자와 사도들이 없었습니다. 이때는 제사장, 선지자, 주의 제자, 사도들이 아니라 "부부 또는 부모"가 하나님의 일들을 다 감당했습니다.

이것은 하나님이 구약과 신약을 만드시기 전 영적으로 100% 온전히 성령으로 충만할 때 아담과 하와를 결혼으로 부부가 되게 하시고 맡기신 일(창1:26-28)이 인류를 하나님이 원하시는 피조물의 나라와 세상을 이루는 것이었습니다.

이때부터 부부는 창조시대의 에덴동산에서 하나님의 전권을 부여받은 성령이 충만한 하나님의 사역자(창1:26-28)로 쓰임을 받았습니다.

그런데 아쉽게도 들짐승인 뱀의 유혹으로 인하여 하나님의 가정이 깨지는 아담과 하와의 선악과 사건(창3:1-24)을 시작으로 하나님의 아들들에게서 하나님이 원하시는 결혼이 깨지는 사건(창6:1-3)과 하나님의 결혼문화로 사회공동체를 형성하며 살아가야 할 시날 평지 사람들이 집단으로 대항하는 바벨탑 사건(창11:1-9)으로 하나님이 원하시는 피조물의 나라와 세상을 이루고자 하신 창조시대의 결혼문화가 깨지게 됩니다.

그래서 구약에 이르러 성막을 중심으로 하는 예배문화를 만드셨지만, 이스라엘 백성들의 우상숭배와 불순종의 죄로 하나님이 원하시는 예배문화가 또 깨져서 신약의 예수 그리스도를 중심으로 하는 구원과 전도 문화로 오늘날 하나님의 뜻대로 진행되고 있는 상황에서 하나님이 원하시는 영적인 결혼문화 사역이 세상에 타락한 결혼관에 묻혀 있는 하나님의 사역으로 한국교회와 가정에 비추어지고 있습니다.

그러나 우리가 조금만 생각해 보면 하나님은 창조시대 때와 같이 여전히 결혼한 부부를 하나님의 사역자로 쓰고 계심을 알 수 있습니다.

① 영적으로 부부에게 소유하게 하신 생명력이 지금도 부부의 관계 안에서 영적인 생명의 사역이 진행되고 있습니다.
② 가정에서 나타나는 모든 일은 시대가 바뀌어도 목사가 아닌 그 집의 가장인 부부 또는 부모가 책임자입니다.
③ 하나님이 원하시는 피조물의 나라와 세상을 이루려면 창조

시대때의 하나님의 사역 결혼문화로 하나님의 가정이 이 땅에 세워져야 하는 기준에는 변함이 없습니다.

죄와 타락으로 영적인 결혼문화 사역에 대한 환경과 배경은 달라졌지만, 결혼에 대한 하나님의 계획과 뜻은 변하지 않았기 때문입니다.

(2) 부부 사역(하나님의 영역을 넓혀 나가는 것)

부부의 과정에서 제일 중요한 것은 부부에게 주어진 하나님의 사역입니다.

부부에게 주어진 하나님의 사역은 부모의 신앙에서 세대 분리하여 자신들의 믿음 또는 사명으로 이룬 가정에 대한 하나님의 신앙의 영역을 하나님의 가정의 기반을 중심으로 새롭게 개척하며 넓혀 나아가는 사역을 말합니다. 이 사역은 하나님이 원하시는 피조물의 나라와 세상과 직결되는 실질적인 사역으로서 매우 중요한 역할을 하게 됩니다.

부부 사역을 통해서 하나님이 원하시는 피조물의 나라와 세상이 시작되기 때문입니다.

① 부부로서 하나님의 일의 시작은 결혼하게 하신 목적을 이루는 것입니다.

이것은 두 사람이 연합하여 남, 여가 서로 받은 하나님의 사명으로 돕는 배필의 의지적 사명감을 가지고 자신들에게 주어진 결혼에 대한 전반적인 영적인 삶과 생활을 이해하고 하나님이 결혼하게 하시는 목적을 이루기 위하여 감당하며 살아가는 부부생활을 말합니다. 그러므로 결혼하는 부부는 결혼에 대한 목적이 분명해야 합니다.

이는 결혼하기 전에 하나님이 결혼을 만드신 목적에 대하여 영적인 지혜와 지식을 충분히 쌓은 후 돕는 배필의 중요성과 부부에게 주어지는 사명에 대한 부부 사역의 중요성에 대하여 알고서 사역자적인 마음을 가지고 준비가 되어 있어야 합니다.
부부의 삶과 생활은 하나님의, 결혼의 목적을 중심으로 진행되어야 하기 때문입니다.

그것은 두 사람이 힘을 합하여 하나님이 서로에게 주신 공동의 사명을 중심으로 연합하고 감당하며 새롭게 개척해 나감으로 또 하나의 하나님의 가정을 이루어 세상에 덕(벧후1:3-8)이 되고, 본(요13:15)이 되어 하나님이 원하시는 피조물의 나라와 세상의 영역을 함께 넓혀 나가는 사역자의 삶이기 때문입니다.

이것은 하나님의 부름을 받아 목회자가 된 주의 종들처럼 부부도 하나님이 원하시는 피조물의 나라와 세상을 위하여 하나님의 결혼문화 사역자로 쓰시기 때문입니다.

② 다음세대(자녀)를 준비해서 세대분리(부흥)를 준비해야 합니다.
결혼하여 부부가 된다는 것은 부모세대에서 자녀들의 독립으로 세대 분리하여 새로운 하나님의 가정을 이루는 것을 말합니다. 그러므로 결혼하여 부부가 되면 하나님의 나라와 세상을 위하여 자녀의 계획을 준비하고 다음세대를 위한 세대분리를 준비해야 합니다.

이것은 양이 양을 낳는 이치와 같은 원리입니다.

창1:26-28절의 말씀의 내용을 살펴보면 하나님의 가정을 이룬 부모세대와 같이 자녀세대도 하나님의 가정을 이루어 나아가야만 하나님이 원하시는 피조물의 나라와 세상을 만들 수 있다는 것을 알 수 있게 합니다.

그래서 하나님의 가정을 이룬 부모세대와 같이 자녀세대가 나와야 한다는 것입니다. 그것도 한 세대만이 아닌 지속적으로 부모세대와 같은 자녀세대로 인류의 역사를 이루어 나아가야 합니다. 그래야 하나님이 원하시는 피조물의 나라와 세상을 만들 수 있게 됩니다.

이것이 우리가 다음세대를 준비해야 하는 이유입니다.

이것은 우리들만 하고 있는 것이 아닙니다. 성경을 보면 족보를 통해서 하나님께서도 지속적으로 당신의 뜻에 맞는 다음세대를 준비하고 계심을 알 수 있습니다. 하나님의 뜻과 계획에 맞지 않으면 하나님께서는 하나님의 뜻에 맞는 피조물들로 대체해야 하시기 때문입니다.

예를 들어 창49:1-27절에 르우벤과 유다, 민20:10-13, 신31:1-8절에 모세와 여호수아, 삼상15:10-23, 삼상16:1-13절에 나오는 사울 왕과 다윗왕의 경우가 그렇습니다.

하나님이 보시기에 영적으로 거룩하게 하나님의 유업을 이을 수 없는 상황이 되면 하나님은 준비하신 세대를 쓰시는 것이 아니라 다음세대를 찾아 쓰시는 것을 알 수 있습니다. 이것을 보면 부부가 자녀세대를 어떻게 양육하여 부모세대를 이어 하나님의 가정을 잇게 해야 하는지를 알 수 있게 합니다.

그리고 우리가 알아야 하는 것이 또 하나 있습니다. 그것은 성경에서 말하고 있는 세대분리는 결혼해서 부모를 떠나 분가하여 살아가는 가정 분리가 아니라 부모와 자녀세대를 구분하는 세대분리를 하여 하나님의 가정, 원 가족 안에서 또 하나의 하나님의 가정을 이루는 것을 말합니다.

그런데 결혼하여 부모를 떠나 가정 분리를 하게 되면 부모가 받은 하나님의 믿음의 유산을 온전하게 받는 것이 어렵게 됩니다. 그것은 부모의 신앙이 자녀들의 몸에 배어야 부모가 받은 하나님의 메시지와 축복이 살아 있는 영적인 복으로 자연스럽게 자녀세대로 흘러 하나님이 원하시는 가정을 이룰 수 있는 세대분리가 될 수 있기 때문입니다.

③ 세상에 소금이 되고 빛이 되는 하나님의 가정을 준비하는 것입니다.

> 고전1:21: 하나님의 지혜에 있어서는 이 세상이 자기 지혜로 하나님을 알지 못하므로 하나님께서 전도의 미련한 것으로 믿는 자들을 구원하시기를 기뻐하셨도다

교회가 전도하는 것은 우리의 주인 되시는 하나님의 사랑과 예수 그리스도의 구원을 아는 지혜가 없기 때문입니다. 그런데 이

와 같이 세상에 전해야 할 것이 또 하나 있습니다. 그것은 하나님의 가정입니다.

이전에는 예수 그리스도 구원의 믿음을 가지고 결혼해서 내가 원하는 믿음의 가정을 이루면 하나님의 가정인 줄로 알았는데 그것이 하나님의 가정이 아니라 내게 향하신 하나님의 계획을 알고 하나님의 뜻에 합당한 배우자와 함께 연합하여 하나님이 결혼하게 하신 목적을 이루어 들이는 과정에서 자녀를 낳아 자녀에게 부모가 가지고 있는 하나님의 사명을 자녀들에게 믿음의 유업으로 잇게 하여 하나님의 내게 향하신 계획과 뜻이 끊어지지 않고 자녀와 후손들에게 지속될 수 있도록 하게 하여 결혼과 가정에 향하신 하나님의 계획과 뜻이 여전히 살아서 인류 역사에 진행될 수 있도록 하게 하여 하나님이 원하시는 피조물의 나라와 세상을 이룰 수 있게 할 수 있는 가정이 하나님의 가정(창1:26-28) 이라는 것입니다.

그런데 문제는 이런 하나님의 가정을 이루어야 하는 믿음의 사람들이 이에 대하여 대부분 모르고 있다는 것입니다.

이것은 영적으로 온전히 거룩했던 아담과 하와의 결혼으로 하나님이 원하시는 피조물의 나라와 세상을 이루고자 하신 하나님의 사역 결혼문화가 타락한 선악과 사건으로 하나님이 원하시는 가정이 깨지고 하나님의 아들들이 사람의 딸들과의 타락한 결혼 사건으로 하나님이 원하시는 결혼이 깨지고, 시날평지 사람들의 바벨탑 사건으로 하나님 원하시는 사회적 공동체가 타락으로 퇴색하여 더 이상 하나님의 사역 결혼문화를 진행될 수 없게 되자!

하나님은 타락한 영혼들을 대상으로 구약시대의 성막을 중심으로 하는 예배 중심적 신앙생활과 신약시대의 예수 그리스도의 구원을 중심으로 하는 믿음의 신앙생활로 오늘날에 이르기까지 내려오면서 결혼으로 하나님이 원하시는 피조물의 나라와 세상을 이루고자 하셨던 창조시대의 하나님의 사역 결혼문화가 우리 영혼의 기억 속에 묻혀 잠자고 있는 것으로 보여지고 있기 때문입니다.

그래도 다행스러운 것은 우리가 믿음의 신앙생활을 하면서 하나님이 원하시는 삶과 생활을 해야 한다는 영적인 의식 속에서 하나님이 원하시는 결혼과 하나님이 원하시는 가정을 이루고 싶어 하는 마음을 가지고 기도를 하며 바라고 있다는 것입니다.

이것이 실질적으로 하나님이 원하시는 결혼과 하나님이 원하시는 가정을 이룰 수 있는 영적인 지혜와 지식이 부족한 상태에서 하나님이 원하시는 결혼으로 하나님이 원하시는 부부의 삶과 하나님이 원하시는 가정을 이룰 수 있는 영적인 능력을 갖추고 있지는 않지만 창조시대의 하나님의 사역 결혼문화에 대하여 믿음의 눈을 뜨고 하나님의 창조목적에 의하여 만들어진 영적인 결혼에 대하여 깨닫고자 하는 의지로 알고자 노력하며 성경을 중심으로 자각한다면 우리의 심령 속에 잠자고 있는 결혼의 영성이 하나님이 원하시는 결혼의 영성으로 깨어날 줄 믿습니다.

우리는 예배의 영성과 예수 그리스도의 믿음의 영성을 가지고 있습니다. 이것으로 한국교회는 120여 년 동안 성장해 왔습니다.

그러나 오늘날 한국교회는 한국교회가 부분적인 성장을 해온 것을 실감하고 있습니다. 그것은 한국교회의 가정의 영성의 부재로 마이너스 성장을 보여주고 있기 때문입니다.

이것을 쉽게 알 수 있는 것은 우리 주변에서 하나님의 가정을 찾아보기 힘들기 때문입니다. 그 이유는 한국교회 청년들이 믿음은 있지만 하나님이 원하시는 결혼에 대하여 영적으로 제대로 양육이나 교육을 받지 못해 하나님이 원하시는 결혼을 모르는 상태에서 자신들의 소견에 옳은 대로 수십 년 동안 결혼을 하며 가정을 이루어 왔기 때문입니다.

> 삿21:25: 그 때에 이스라엘에 왕이 없으므로 사람이 각기 자기의 소견에 옳은 대로 행하였더라

그 결과 한국교회 내에서도 하나님이 원하시는 결혼문화가 아닌 세상이 원하는 결혼문화로 보여지고 있는 것이 태반입니다. 우스갯소리로 "결혼은 해도 후회하고 안 해도 후회하는데 이왕이면 결혼을 하고 후회하는 것이 더 낳다" 라는 말은 세상에서 쉽게 접할 수 있는 말입니다. 그런데 이 말에 한국교회 청년들도 동일하게 공감하는 모습들을 나타내는 것을 볼 수 있습니다.

이외에도 세상적으로 보여지는 것이 많이 있지만 이것은 한국교회 청년들이 수십 년 동안 결혼하여 부부가 되고, 부모가 되며, 조부모가 되어가는 과정에서 나의 가정에 향하신 하나님의 계획과 뜻을 알고 하나님이 원하시는 하나님의 가정으로 가는 신앙의 방향과 길을 몰라 세상에 소금이 되고 빛이 되어 줄 수 없었던

영적인 상황으로 인하여 한국교회 가정들이 마이너스 성장을 할 수밖에 없었던 것이 지금의 현실입니다.

이러한 현실 앞에 부부의 사역은 한국교회의 예배의 영성과 예수 그리스도 믿음의 영성과 함께 하나님의 가정의 영성으로 회복되어 세상 앞에 세워져야 합니다. 그래서 한국교회의 부분적인 성장이 아닌 온전한 부흥으로 한국교회가 성장을 해야 합니다.

그러므로 결혼하여 부부가 된다는 것은 부부의 관계적인 일들만으로 끝나는 것이 아니라 하나님이 원하시는 피조물의 나라와 세상을 세워나갈 수 있는 실질적인 사역자로 하나님의 사역 결혼 문화를 형성할 수 있어야 합니다.

그래서 부부는 결혼함과 동시에 그의 나라와 그의 의를 구하듯이(마6:33) 세상에 하나님의 가정의 의를 나타낼 수 있는 사역자적인 의식을 가지고 하나님이 결혼하게 하신 목적을 감당하면서 신앙 안에서 서로가 돕는 배필로서 서로에게 존귀하고 소중한 존재감 안에서 영적인 친밀감으로 화목한 가정 또는 평안한 가정 그리고 세상에 본(요13:15)이 되는 가정으로 하나님의 가정의 의를 나타낼 수 있어야 합니다. 그것이 부부에게 주어진 사명이기 때문입니다.

④ 영적 전쟁을 준비해야 합니다.

우리가 창3:12-13절의 말씀을 보아서 알 수 있듯이 하나님의 사역 중에 가장 먼저 마귀의 꾀임에 넘어간 것이 아담과 하와였습니다.

창3:12: 아담이 이르되 하나님이 주셔서 나와 함께 있게 하신 여자

그가 그 나무 열매를 내게 주므로 내가 먹었나이다 13: 여호와 하나님이 여자에게 이르시되 네가 어찌하여 이렇게 하였느냐 여자가 이르되 뱀이 나를 꾀므로 내가 먹었나이다

그리고 연이어 인류의 창조목적의 계획과 뜻에 의하여 아담과 하와의 결혼으로 진행되었던 하나님의 가정이 깨지게 됩니다.

이것은 들짐승인 뱀(창3:1)이 하나님이 천지창조를 하시고 인류의 창조목적을 이루기 위하여 결혼을 만들어 아담과 하와의 가정을 시작으로 하나님이 원하시는 가정들을 그의 자녀와 후손들로 하여 하나님이 원하시는 피조물의 나라와 세상을 이루고자 하신 계획과 뜻을 알고서 하나님이 원하시는 계획과 뜻대로 될 수 없게 하기위하여 기다렸다는 듯이 먹어서는 안 되는 선악과를 아담과 하와의 유익을 위해서 먹어도 되는 것처럼 꾀여서 하나님께 불순종하는 죄를 범하게 하여 에덴동산에서 하나님의 저주를 받아 쫓겨나게(창3:16-24) 되는 사건이 됩니다.

그 결과 결혼으로 하나님이 원하시는 피조물의 나라와 세상을 만들기 위하여 준비하셨던 하나님의 영적인 가정이 깨지게 됩니다.

이것은 하나님이 원하시는 뜻이 아니고 들짐승인 뱀의 뜻임을 알 수 있습니다. 그리고 이것으로 인하여 결혼과 가정에 대한 하나님의 계획과 뜻에 반대하는 영적인 세력이 있음 또한 분명히 알 수 있게 합니다.

문제는 하나님의 뜻에 반대하는 영적인 세력이 창조시대와 구약, 신약시대를 넘어 지금도 하나님이 원하시는 하나님의 결혼으로 하나님이 원하시는 가정을 이루는 것을 방해하며 막고 있다는 것입니다. 그래서 엡2:2, 엡6:12, 살전2:18, 고후10:4절은 우리에게 이렇게 말씀하고 있습니다.

> 엡2:2: 그 때에 너희는 그 가운데서 행하여 이 세상 풍조를 따르고 공중의 권세 잡은 자를 따랐으니 곧 지금 불순종의 아들들 가운데서 역사하는 영이라

> 엡6:12 우리의 씨름은 혈과 육을 상대하는 것이 아니요 통치자들과 권세들과 이 어둠의 세상 주관자들과 하늘에 있는 악의 영들을 상대함이라

> 살전2:18: 그러므로 나 바울은 한번 두번 너희에게 가고자 하였으나 사탄이 우리를 막았도다

> 고후10:4: 우리의 싸우는 무기는 육신에 속한 것이 아니요 오직 어떤 견고한 진도 무너뜨리는 하나님의 능력이라 모든 이론을 무너뜨리며

그 이유는 들짐승인 뱀은 아담과 하와 때처럼 여전히 우리들에게 나의 유익을 위한 삶과 생활(요일2:16: 육신의 정욕, 안목의 정욕, 이생의 자랑)들로 꾀하여 지금도 피조물의 본분에서 벗어나는 불순종의 죄를 범하게 하므로 하나님과의 영적인 거룩한 관계를 깨뜨려 하나님이 원하시는 결혼과 가정을 이루지 못하게 하고

있기 때문입니다.

> 계12:9: 큰 용이 내쫓기니 옛 뱀 곧 마귀라고도 하고 사탄이라고도 하며 온 천하를 꾀는 자라 그가 땅으로 내쫓기니 그의 사자들도 그와 함께 내쫓기니라

그리고 성경을 통해서 알 수 있듯이 하나님의 가정이 깨진 뒤에 하나님께서 만드신 것이 성막을 중심으로 하는 예배 중심적 신앙생활을 만드셨습니다. 만약에 하나님의 가정이 깨지지 않았다면 성막을 중심으로 하는 예배중심적인 신앙생활은 만드실 이유가 없으셨을 것입니다.

그런데 예배중심으로 살아가야 할 제사장과 선지자와 백성들을 우상숭배와 불순종의 죄로 꾀(신13:1-11, 삿3:7, 삼상8:1-3, 미3:11...)는 세력들로 인하여 또다시 하나님과의 관계가 멀어지게 되어 성막을 중심으로 하는 예배중심적 신앙생활이 깨져서 하나님은 마지막으로 예수 그리스도의 구원을 중심으로 하는 신앙생활을 만드셨습니다.

그러나 하나님의 사역을 방해하는 세력들은 예수님의 구원을 받았다 할지라도 구원받은 영혼들을 또다시 꾀어 마4:8-9, 딤전 6:9-10절에서 말씀하시는 것처럼 보이는 세상의 영광과 돈으로 유혹하고 있음을 우리는 잘 알고 있습니다.

> 마4:8: 마귀가 또 그를 데리고 지극히 높은 산으로 가서 천하 만국과 그 영광을 보여 9: 이르되 만일 내게 엎드려 경배하면 이 모든 것을 네게 주리라

딤전6:9: 부하려 하는 자들은 시험과 올무와 여러 가지 어리석고 해로운 욕심에 떨어지나니 곧 사람으로 파멸과 멸망에 빠지게 하는 것이라 10: 돈을 사랑함이 일만 악의 뿌리가 되나니 이것을 탐내는 자들은 미혹을 받아 믿음에서 떠나 많은 근심으로써 자기를 찔렀도다

그래서 벧전5:8절은 우리들에게 권면하고 있습니다.

벧전5:8: 근신하라 깨어라 너희 대적 마귀가 우는 사자 같이 두루 다니며 삼킬 자를 찾나니

창조시대는 결혼과 가정으로,
구약시대는 예배와 율법으로,
신약시대는 예수 그리스도의 구원과 거듭남으로,
하나님이 원하시는 피조물의 나라와 세상을 만드시고자 하셨습니다. 그러나 그럴 때마다 하나님을 반대하는 영적인 세력에 의해 꾀임과 방해를 받아 피조물에 대한 하나님의 계획과 뜻이 무산되거나 지금도 방해를 받고 있는 것이 오늘날의 영적인 현실입니다.

중요한 것은 이것이 계21:1절의 말씀 하심과 같이 하나님께서 예비하신 새 하늘과 새 땅이 오기 전까지 지속될 것이라는 것입니다.

계21:1: 또 내가 새 하늘과 새 땅을 보니 처음 하늘과 처음 땅이 없어졌고 바다도 다시 있지 않더라

그래서 하나님이 원하시는 결혼으로 하나님이 원하시는 부부가 되고자 한다면 반드시 하나님이 원하시는 부부가 되는 것을 반대하는 영적인 세력이 있음을 알고 하나님 앞에 거룩한 영적인 부부의 관계가 깨지지 않도록 하여 롬12:2절의 말씀처럼 이전 세대와 같이 세상을 주관하고자 하는 영적인 세력을 따라 세상의 흐름대로 세대를 본받지 말고 신6:5절의 말씀과 같이 하나님이 만드신 결혼의 진리를 따라 하나님이 원하시는 피조물의 나라와 세상을 이루고자 하신 하나님의 결혼사역에 마음을 다하고 뜻을 다하여 충실해야 할 것이며 엡6:13-17절의 말씀처럼 영적인 결혼에 대하여 준비해야 할 것입니다.

> 롬12:2: 너희는 이 세대를 본받지 말고 오직 마음을 새롭게 함으로 변화를 받아 하나님이 선하시고 기뻐하시고 온전하신 뜻이 무엇인지 분별하도록 하라

> 신6:5: 너는 마음을 다하고 뜻을 다하고 힘을 다하여 네 하나님 여호와를 사랑하라

> 엡6:13: 그러므로 하나님의 전신 갑주를 취하라 이는 악한 날에 너희가 능히 대적하고 모든 일을 행한 후에 서기 위함이라 14: 그런즉 서서 진리로 너희 허리 띠를 띠고 의의 호심경을 붙이고 15: 평안의 복음이 준비한 것으로 신을 신고 16: 모든 것 위에 믿음의 방패를 가지고 이로써 능히 악한 자의 모든 불화살을 소멸하고 17: 구원의 투구와 성령의 검 곧 하나님의 말씀을 가지라

영적인 부부의 사역이 깨지면 현재 하나님의 가정이 깨지고 다음세대가 어려워지게 됩니다. 그리고 다음세대가 어려워지면 결

혼으로 하나님이 원하시는 피조물의 나라와 세상을 이루는 것이 더 어렵게 됩니다.

그러므로 부부는 부부에게 주어지는 영적인 사명에 대한 사역의 중요성을 알고 눅9:62절의 말씀처럼 결혼에 대한 하나님의 진리 앞에 세상과 타협하거나 뒤로 물러서는 일이 있어서는 안 됩니다.

> 눅9:62: 예수께서 이르시되 손에 쟁기를 잡고 뒤를 돌아보는 자는 하나님의 나라에 합당하지 아니하니라 하시니라

7) 부모(하나님의 사역과 가정 완성)의 과정

부모의 과정은 결혼의 과정 8단계 과정 중에서 가장 중요한 단계의 과정입니다. 그것은 하나님이 결혼하게 하신 목적과 하나님이 주시는 자녀를 통해서 하나님이 원하시는 피조물의 나라와 세상을 세우고자 하신 하나님의 가정을 완성해 나아가는 과정이기 때문입니다. 그러므로 부모가 감당해야 할 사항들이 많습니다.

(1) 세대별 조화를 이루며 연합하는 것입니다.

부모의 과정 사역을 보면 부부를 중심으로 위로는 조부모세대와 아래로는 자녀세대로 형성되어 있습니다. 이것은 자녀세대가 결혼을 하게 되면서 자연스럽게 진행되는 과정으로 나타나는 현상인데 중요한 것은 하나님께서 하나님이 원하시는 피조물의 나라와 세상을 만들기 위하여 이렇게 3대의 가정을 만드셨다는 것입니다.

지금은 결혼하면 자녀들이 분가하여 부모세대와 거리를 두고 살아가지만 이것은 하나님이 원하시는 것이 아닙니다. 하나님께서는 자녀와 부모 그리고 조부모, 3대가 영적인 세대별 조화를 이루며 하나님의 가정을 형성하며 함께 모여 살아가는 것을 원하십니다.

그 이유는 하나님의 가정은 3대가 모여야 완성될 수 있기 때문입니다.

이 말의 의미는 부모세대 또는 조부모세대만 모여서는 믿음의 가정은 될 수 있어도 자녀세대 없이는 하나님의 가정을 이룰 수 없습니다. 그리고 가정에 부모와 조부모 없이 자녀세대만 있어도 하나님의 가정을 이룰 수 없게 됩니다.

그것은 부모에게 자녀를 주시는 목적이 하나님께로부터 받은 부모세대의 사명을 자녀세대가 믿음의 유업으로 이어 나아가면서 세상에 하나님의 가정을 형성하기 위해서입니다. 이것은 하나님의 가정은 한 세대만의 존재로는 하나님의 가정으로 형성될 수 없기 때문입니다.

그렇다면 왜? 3대가 모여야만 가능한 것일까요?
그것은 하나님의 가정을 이루게 하는 하나님 사역의 영역 때문입니다. 하나님의 가정을 이루게 하는 이 사역의 영역은 한시라도 끊어지지 않고 지속적으로 계속 이어져가야 합니다. 마치 마 13:33절에 말씀하신 누룩처럼 하나님의 가정은 하나님이 원하시는 피조물의 나라와 세상을 만들기 위하여 계속 번져 가야만 합니다.

> 마13:33: 또 비유로 말씀하시되 천국은 마치 여자가 가루 서 말 속에 갖다 넣어 전부 부풀게 한 누룩과 같으니라

세대별로 주어지는 사명적 역할에 따라 서로 상호보완적인 돕는 관계로 하나님이 원하시는 하나님의 가정을 형성할 수 있도록 하나님이 만들어 놓으셨기 때문입니다.

그래서 하나님의 가정을 세대별로 구분하여 보면 세 가지 영역으로 나뉘어 있는 것을 알 수 있게 합니다.

① 지키며 성장하는 영역입니다.
이것은 부모가 하나님이 결혼하게 하신 목적을 감당하면서 조부모 안에서 창2:24절의 말씀처럼 세대 분리하여 새로운 하나님의 가정을 형성하며 하나님의 뜻대로 성장하는 영역을 말합니다.

> 창2:24: 이러므로 남자가 부모를 떠나 그의 아내와 합하여 둘이 한 몸을 이룰지로다

② 양육하며 가르치고 보전하는 영역입니다.
이것은 조부모가 하나님께 받은 하나님의 사명을 기준으로 우리 가정에 향하신 하나님의 계획과 뜻을 신앙과 믿음으로 잠22:9절의 말씀처럼 자녀와 후손들에게 전하며 하나님이 원하시는 하나님의 가정으로 세워가기 위해 감당해야 하는 영역을 말합니다.

> 잠22:6: 마땅히 행할 길을 아이에게 가르치라 그리하면 늙어도 그
> 것을 떠나지 아니하리라

③ 영적인 양육과 교육으로 다음세대가 준비되어야 하는 영역 입니다.

이것은 자녀들이 조부모와 부모의 뒤를 이어 우리 가정에 향하신 하나님의 계획과 뜻을 믿음의 유업으로 감당하면서 이 땅위에 하나님의 나라와 세상의 의를 요일3:7-8절의 말씀처럼 세상과 타협하지 않고 하나님이 원하시는 피조물의 나라와 세상을 이루어 갈 다음세대로 준비되어야 하는 영역을 말합니다.

> 요일3:7: 자녀들아 아무도 너희를 미혹하지 못하게 하라 의를 행하
> 는 자는 그의 의로우심과 같이 의롭고 8: 죄를 짓는 자는 마귀에게
> 속하나니 마귀는 처음부터 범죄함이라 하나님의 아들이 나타나신
> 것은 마귀의 일을 멸하려 하심이라

하나님의 가정은 믿음의 사람들이 결혼했다 해서 만들어지는 것이 아닙니다.

3대가 세대별로 주어지는 역할적 사명과 사역을 조화롭게 잘 감당하여 가정에 향하신 하나님의 계획과 뜻이 이루어질 수 있을 때 하나님의 가정을 이룰 수 있으며, 지킬 수 있으며, 보존될 수 있어서 다음세대가 하나님이 원하시는 피조물의 나라와 세상을 지속적으로 이어갈 수 있게 해야 한다는 것입니다.

> 출20:5: 그것들에게 절하지 말며 그것들을 섬기지 말라 나 네 하나
> 님 여호와는 질투하는 하나님인즉 나를 미워하는 자의 죄를 갚되
> 아버지로부터 아들에게로 삼사 대까지 이르게 하거니와 6: 나를 사

랑하고 내 계명을 지키는 자에게는 천 대까지 은혜를 베푸느니라

전4:12: 한 사람이면 패하겠거니와 두 사람이면 맞설 수 있나니 세
겹 줄은 쉽게 끊어지지 아니하느니라

(2) 영적인 결혼관에 대한 자녀양육을 준비해야 합니다.

부모의 과정 중에서 가장 중요한 것은 내 자녀가 나와 같은 하나님의 결혼을 하고 하나님의 가정을 이루게 하는 것입니다.

그러므로 부모는 가정에 향하신 하나님의 계획과 뜻을 정확히 알고서 하나님이 원하시는 가정을 이루기 위하여 진심이어야 합니다. 왜냐하면 하나님의 가정이란 사명의 십자가를 지고 하나님이 원하시는 가정을 이루기 위하여 서로 마음과 뜻을 다하여 하나님의 가정을 완성하려 하는 것이 마16:24절에 주님의 제자들이 자신들의 십자가를 지고 주님의 뒤를 따르게 하는 것처럼 부모의 사역이 이와 같기 때문입니다.

마16:24: 이에 예수께서 제자들에게 이르시되 누구든지 나를 따라 오려거든 자기를 부인하고 자기 십자가를 지고 나를 따를 것이니라

그런데 문제는 이것을 부모세대만이 감당해야 할 문제가 아니라 자녀세대들도 부모세대와 같이 동일하게 자신의 십자가를 지고 주님의 뒤를 따른 제자들처럼 자녀세대들도 부모세대들의 뒤를 이어 영적으로 거듭난 하나님의 가정의 십자가를 지고 하나님이 원하시는 피조물의 나라와 세상을 만들어 갈 수 있는 하나님

의 사역 결혼문화를 감당할 수 있도록 부모가 자녀를 양육하며 교육할 수 있어야 한다는 것입니다.

　이것은 "하나님의 입장에서 하나님의 가정을 중심으로 하나님이 원하시는 피조물의 나라와 세상을 지속할 수 있는 것"이어서 상당히 중요한 부분에 속합니다. 그래서 하나님은 이것을 안정적으로 하기 위하여 부모에게 자녀를 주신 것이며 자녀는 부모의 일생을 통해서 하나님의 사역 결혼문화를 보고, 듣고 배워서 하나님이 원하시는 가정을 이룰 수 있도록 하게 하는 사명을 공동으로 부모와 자녀에게 주신 것입니다.

　그래서 부모는 부모가 가지고 있는 영적인 결혼관을 자녀에게 온전한 습득을 위해서 결혼의 과정 8단계의 핵심적인 내용들을 성경의 말씀들을 통해서 이해하고 인지하게 하여 하나님이 아담과 하와의 결혼과 그에 관련된 삶과 생활들로 하나님이 원하시는 피조물의 나라와 세상을 만들고자 하신 계획과 뜻 안에서 정하신 세 가지 목적의 내용들을 잘 전해 줄 수 있어야 합니다.

　① 하나님이 결혼을 만드신 목적입니다.
　하나님이 결혼을 만드신 목적은 하나님이 원하시는 피조물의 나라와 세상을 만들기 위해서입니다.
　② 하나님이 가정을 만들게 하신 목적입니다.
　하나님이 결혼으로 가정을 만들게 하신 목적은 하나님이 원하시는 하나님의 가정을 중심으로 하나님이 원하시는 피조물의 나라와 세상을 만들기 위해서입니다.
　③ 하나님이 부모에게 자녀를 주시는 목적입니다.
　하나님이 부모에게 자녀를 주시는 목적은 하나님이 원하시는 피조물의 나라와 세상을 이룰 수 있는 하나님의 가정이 지속적으로 재생산될 수 있게 하기 위해서입니다.

하나님이 원하시는 결혼으로 부부가 되어 하나님이 원하시는 하나님의 가정을 이루고자 하는 부모가 되고자 한다면 위 세 가지 목적에서 벗어나지 마십시오.

위 세 가지 목적이 아담과 하와의 결혼으로 하나님이 원하시는 피조물의 나라와 세상을 만들기 위해 하나님이 정해 놓으신 "영적인 결혼관"이기 때문입니다.

모든 신앙의 사역이 그러하겠지만 영적인 결혼문화 사역도 하나님의 뜻대로 순종하는 것이 우선입니다.

(3) 부모가 받은 하나님의 사명으로 자녀에게 믿음의 유업을 이어야 합니다.

하나님이 원하시는 결혼을 하고, 하나님이 원하시는 부부가 되어, 하나님이 원하시는 하나님의 가정을 이루는 것은 신앙생활을 하는 모든 이들의 사명이자 신앙의 꿈입니다.

그런데 우리들에게는 또 하나의 사명이자 꿈이 하나 더 있습니다. 그것은 딤전5:4, 갈6:10, 마5:13-16, 마28:19-20절의 말씀처럼 가정에 속한 사회적 신앙에 대한 사명이자 꿈입니다. 그래서 하나는 가정에 속한 일로, 또 하나는 사회에 속한 일로 두 가지 형태로 나뉘어져 있음을 알 수 있습니다.

딤전5:4: 만일 어떤 과부에게 자녀나 손자들이 있거든 그들로 먼저 자기 집에서 효를 행하여 부모에게 보답하기를 배우게 하라 이것이

하나님 앞에 받으실 만한 것이니라

갈6:10: 그러므로 우리는 기회 있는 대로 모든 이에게 착한 일을 하되 더욱 믿음의 가정들에게 할지니라

마5:13: 너희는 세상에 소금이니 소금이 만일 그 맛을 잃으면 무엇으로 짜게 하리요 후에는 아무 쓸 데 없어 다만 밖에 버려져 사람에게 밟힐 뿐이니라 14: 너희는 세상에 빛이라 산 위에 있는 동네가 숨겨지지 못할 것이요 15: 사람이 등불을 켜서 말 아래에 두지 아니하고 등경 위에 두나니 이러므로 집 안 모든 사람에게 비치느니라 16: 이같이 너희 빛이 사람 앞에 비치게 하여 그들로 너희 착한 행실을 보고 하늘에 계신 너희 아버지께 영광을 돌리게 하라

마28:19: 그러므로 너희는 가서 모든 민족을 제자로 삼아 아버지와 아들과 성령의 이름으로 세례를 베풀고 20: 내가 너희에게 분부한 모든 것을 가르쳐 지키게 하라 볼지어다 내가 세상 끝날까지 너희와 항상 함께 있으리라 하시니라

이 두 가지는 동전의 양면 같아서 항상 우리의 삶과 생활 속에서 동반되는 하나님의 일로서 우리들이 지혜롭게 감당해야 할 신앙의 사명이자 꿈인 것입니다.

그런데 우리는 가정의 사명보다는 개인의 사명에 더 심혈을 기울여 왔던 것을 알 수 있습니다. 가정의 사명을 잘 감당해 왔었다면 지금의 한국교회 청년들은 부모의 거룩한 영적인 결혼의 영향을 받아 하나님이 원하시는 결혼과 하나님이 원하시는 가정에 대하여 알고 눅24:26절의 말씀처럼 예수님이 십자가를 지심같이

한국교회 청년들도 결혼에 대한 "영적인 하나님의 영광의 복"을 받기 위하여 결혼과 그에 관련된 삶과 생활을 하려는 의지와 노력을 보였을 것입니다.

> 눅24:26: 그리스도가 이런 고난을 받고 자기의 영광에 들어가야 할 것이 아니냐 하시고

하나님이 주시는 개인의 비전이 중요하지 않다. 라고 말하는 것이 아닙니다.

개인이 감당해야 할 비전이 중요하듯이 하나님의 가정에 대한 비전도 중요하다는 것입니다. 이전에는 나의 가정에 향하신 하나님의 계획과 뜻을 몰라서 자녀들에게 가르쳐주지 못해 자녀들이 개인의 비전에만 치중하는 모습들을 많이 보아 왔습니다.

그러나 이제부터라도 부모는 우리 가정에 향하신 하나님의 계획과 뜻을 알고 자녀들에게 우리 가정에 대한 비전과 사명을 믿음의 유업으로 이어갈 수 있도록 하고 나서 부모가 하나님께 받은 사회적 사명도 자녀들이 믿음의 유업으로 이어갈 수 있도록 해야 한다는 것입니다.

이것은 창12장 ~ 창50장까지의 내용을 보면 잘 알 수 있게 합니다. 창12장 ~ 창50장까지의 내용은 아브라함으로 시작해서 이삭으로, 이삭에서 야곱으로, 야곱에서 요셉으로 이어지는 복음의 내용입니다. 이 내용의 의미를 보면 부모세대와 자녀세대가 이어지면서 저마다 살아가는 삶의 내용은 달랐지만 동일한 것은 4대

(아브라함, 이삭, 야곱, 요셉)에 걸쳐 이어주시는 하나님의 메시지와 축복은 "같다"라는 것입니다.

세대별로는 자신들에게 주어지는 사회적 사명의 삶을 감당하면서 부모세대와 자녀세대 간에 순환적 구조로 세대분리가 되어 아브라함과 이삭과 야곱과 요셉의 가정에 하나님이 주시는 가정적 사명을 이루어가며 사회적 사명을 감당하게 하셨다는 것입니다.

그래서 그런지는 몰라도 부모와 자녀사이에서 놀라운 일이 생기는 것을 보게 됩니다. 그것은 부모가 받은 하나님의 메시지와 축복이 살아서 자녀들에게 동일하게 전해지면서 창12:2-3절의 말씀처럼 아브라함의 가정에 향하신 하나님의 계획과 뜻이 자녀세대(이삭, 야곱, 요셉 등)들에게 믿음의 유업으로 이어져 하나님이 함께 하시는 임마누엘의 가정임을 세상에 보이신다는 것입니다.

> 창12:2: 내가 너로 큰 민족을 이루고 네게 복을 주어 네 이름을 창대하게 하리니 너는 복이 될지라 3: 너를 축복하는 자에게는 내가 복을 내리고 너를 저주하는 자에게는 내가 저주하리니 땅의 모든 족속이 너로 말미암아 복을 얻을 것이라 하신지라

이것은 마치 마6:9-10절에 주님이 제자들에게 가르쳐 주신 주기도문과 같이 같은 의미로 가정과 사회에 향하신 하늘의 뜻을 땅에서 이루어 드리는 것이라고 말할 수 있습니다.

무엇으로? 부모가 받은 하나님의 사명으로,……

> 마6:9: 그러므로 너희는 이렇게 기도하라 하늘에 계신 우리 아버지

여 이름이 거룩히 여김을 받으시오며 10: 나라가 임하시오며 뜻이 하늘에서 이루어진 것 같이 땅에서도 이루어지이다

그래서 부모는 하나님께 받은 가정과 사회적 사명을 자녀들이 믿음의 유업으로 이어갈 수 있도록 하게 하여 가정과 사회를 하나님이 원하시는 피조물의 나라와 세상을 이룰 수 있는 영적인 그물망 조직을 이룰 수 있도록 하게 하는 것이 부모과정의 핵심 사역입니다.

(4) 제 5계명

성경에는 하나님이 이스라엘 백성들에게 하신 말씀 중에 십계명이 있습니다. 이 말씀은 하나님의 백성으로 살아가기 위해서 지켜야 하는 율법으로서 이스라엘 백성들에게는 상당히 중요한 말씀입니다.

그런데 이 중에 결혼의 과정에서도 중요하게 적용될 하나님의 계명이 있습니다. 그것은 십계명 중에 제5계명으로 출20:12절의 기록된 말씀입니다.

출20:12: 네 부모를 공경하라 그리하면 네 하나님 여호와가 네게 준 땅에서 네 생명이 길리라

이 말씀이 결혼의 과정에서 중요한 것은 하나님이 원하시는 하나님의 가정을 이루기 위해서는 자녀들이 자신의 부모를 공경(恭敬)해야 한다는 것입니다. 그것도 해도 되고 안 해도 되는 것이

아니라 반드시 지켜야 하는 계명으로 주어졌다는 것입니다.

그런데 이 말씀을 상대적으로 이해하면 부모 또한 자녀에게서 공경받을 수 있는 부모가 되어야 하는 것이 아닌가? 하는 생각을 하게 하면서 어쩌면 자녀에게 주어진 제 5계명과 같이 부모에게도 동일하게 자녀에게 공경받는 부모가 되는 것이 부모에게도 계명으로 주어진 것이 아닌가? 하는 생각을 해보게 됩니다.

그런데 문제는 공경(恭敬)이라는 것이 말처럼 쉬운 것이 아니라는 것입니다.

왜냐하면! 공경하라고 해서 공경하는 것이 아니라 공경을 받을 수 있는 대상이 되었을 때 공경을 받을 수 있음을 잘 알고 있기 때문입니다.

그래서 부모는 자녀에게 공경을 받을 수 있는 부모가 되기 위하여 영, 육적인 노력이 필요합니다. 그것은 자녀가 부모의 말에 순종할 수 있는 하나님의 사역에 대한 영적인 희생과 헌신으로 본을 보이므로 공경의 대상이 되어야 한다는 것입니다.

> 요13:15: 내가 너희에게 행한 것 같이 너희도 행하게 하려 하여 본을 보였노라

> 빌4:9: 너희는 내게 배우고 받고 듣고 본 바를 행하라 그리하면 평강의 하나님이 너희와 함께 계시리라

> 히13:7: 하나님의 말씀을 너희에게 일러 주고 너희를 인도하던 자들을 생각하며 그들의 행실의 결말을 주의하여 보고 그들의 믿음을

본받으라

　부모가 자녀에게서 공경의 대상이 되었을 때 자녀는 부모의 삶과 생활 속에서 함께 하시며 공급하시는 하나님의 영적인 능력과 축복의 통로임을 깨닫고 부모의 뒤를 따라 부모가 만난 하나님의 모든 계획과 뜻에 순종하며 충성할 수 있는 믿음으로 부모와 같은 부모가 되고자 하는 동기부여를 가질 수 있기 때문입니다.
　그러므로 제5계명은 자녀에게만 주어진 계명이 아니라 부모도 자녀에게 공경을 받을 수 있어야 하는 계명으로 주어진 것을 잊지 말고 부모는 자녀에게 신앙의 영적인 네비게이션(navigation)이 되어 주님께로 인도 할 수 있어야 합니다.

　그래서 부모는 부모의 삶의 경험과 깨달음들을 토대로 자녀들에게 마침표, 이정표, 디딤돌 사역을 최대한 최고의 사역으로 할 수 있어야 합니다.

　①마침표 사역이라는 것은 하나님께서 나를 여기까지 인도하셨다는 것을 신앙과 믿음으로 알려 주어서 이제부터는 부모세대가 아닌 자녀세대가 새롭게 부모 사역의 바통을 이어받아 갈 수 있도록 하는 것을 말하며 ②이정표 사역이라는 것은 부모가 받은 하나님의 사명에 대한 말씀들을 깨닫고 자녀에게 나아갈 신앙의 방향을 제시하여 주므로 자녀가 헷갈리게 하지 않고 주님의 방향으로 믿음의 길을 갈 수 있도록 하는 것을 말하며 ③디딤돌 사역이라는 것은 부모의 신앙의 삶 가운데, 실수와 잘못과 죄를 범하게 되는 욕심과 유혹과 시험에 대한 교훈들을 디딤돌 삼아 피조물의 본분에서 이탈하여 빠지거나 넘어지지 않게 하여 하나님에

게서 멀어지지 않고 더 가까워질 수 있도록 징검다리 역할을 하는 것을 말합니다.

*양은 목자의 음성을 알고 목자가 인도하는 대로 따라갑니다.

요10:14: 나는 선한 목자라 나는 내 양을 알고 양도 나를 아는 것이
15: 아버지께서 나를 아시고 내가 아버지를 아는 것 같으니 나는 양을 위하여 목숨을 버리노라

하나님이 십계명 중에 제5계명을 자녀에게 주시면서 "네 부모를 공경하라"라고 명령하신 것은 부모를 섬기며 본받게 하기 위해서입니다.

이것은 하나님이 원하시는 피조물의 나라와 세상을 지속적으로 이루어 가시기 위하여 하나님이 부모에게 자녀를 하나님의 기업(시127:3)으로 맡기셨기 때문이라는 것을 부모는 잊어서는 안 됩니다.
왜냐하면 하나님이 부모에게 자녀를 주시는 목적을 달란트 비유(마25:14-30)의 말씀에서와 같이 부모에게서 찾으실 것을 알고 준비해야 하기 때문입니다.

8) 조부모(하나님의 가정 완성) 과정

조부모(할아버지, 할머니)의 과정은 부모의 자녀가 결혼해서 자녀를 낳았을 때 부모에서 조부모가 되어 조부모로서 역할이 변동되는 과정에서 부모가 된 자녀를 도와 조부모가 하나님의 가정을

완성해 갈 수 있도록 돕는 과정을 말합니다.

이 과정이 중요한 것은 자녀가 결혼하여 자녀를 낳아 부모가 된 지 얼마 되지 않은 상태에서 부모로서의 경험과 부모가 가지고 있는 사회적 역량으로 자녀를 충분하게 잘 가르치며 양육할 수 있는 부분들이 어려워 부모의 역할로는 하나님이 원하시는 하나님의 가정을 이루어 가기가 신앙적으로 부족하여 경험과 지혜가 풍부한 조부모의 도움이 절실하게 필요로 하기 때문입니다.

자녀가 결혼해서 부부가 되어 자녀(손자)를 낳아 부모가 돼서 자녀(손자)를 양육하게 될 때 믿음이 없는 어린자녀(갓난아이 ~ 유, 초등부, 행16:31)에서 영적으로 예수님과 하나님을 믿는 하나님의 자녀(유, 초등부 ~ 중, 고등부, 마6:33)로 성장하게 하여 영적으로 믿음이 있는 성숙한 하나님의 사람(청년, 히5:14)으로 성장하기까지의 과정이 녹록하지 않은 과정으로 부모와 조부모가 마음과 뜻을 합하여 심혈을 기울여 하나님이 원하시는 부모세대 이후에 하나님이 원하시는 자녀세대 즉, 다음세대를 준비해야 하는 것이므로 부모가 하는 자녀양육으로는 하나님이 원하시는 결과를 내기가 쉽지 않기 때문입니다.

그리고 이것은 조부모에게 주어진 하나님의 사명으로 조부모가 감당해야 할 하나님의 사역입니다. 왜냐하면 부모가 살아온 삶의 지혜 보다 조부모가 살아온 삶의 지혜가 더 많으며, 부모가 경험한 신앙생활보다 조부모가 경험한 신앙생활이 더 많고, 부모가 가지고 있는 사명 의식보다 조부모가 가지고 있는 사명 의식이 영적으로 더 깊이가 있으며, 부모가 가지고 있는 영적인 사고능력보다 조부모가 가지고 있는 영적인 사고능력이 더 높아서 부모보다는 조부모에게서 교육과 가르침을 받는 것이 자녀(손자,손녀) 입장에서는 더 월등히 낫기 때문입니다.

그래서 성경은 가정을 3대로 나누어 설명하면서 교육과 가르침을 조부모가 하는 것으로 신6:1-2절의 말씀에서 강조하고 있습니다.

> 신6:1: 이는 곧 너희의 하나님 여호와께서 너희에게 가르치라고 명하신 명령과 규례와 법도라 너희가 건너가서 차지할 땅에서 행할 것이니 2: 곧 너와 네 아들과 네 손자들이 평생에 네 하나님 여호와를 경외하며 내가 너희에게 명한 그 모든 규례와 명령을 지키게 하기 위한 것이며 또 네 날을 장구하게 하기 위한 것이라

하나님이 원하시는 하나님의 가정은 내가 예수님을 믿고 결혼하였다고 해서 하나님이 원하시는 하나님의 가정이 되는 것이 아닙니다. 그것은 나의 생각이지 하나님의 생각도, 계획도, 뜻도, 아님을 알아야 합니다.

하나님이 원하시는 하나님의 가정을 이루려면 하나님이 원하시는 피조물의 나라와 세상을 만들 수 있는 가정의 조건을 갖추어야 합니다.

첫 번째 하나님의 사명을 받아 결혼한 부모가 있어야 합니다.
부모에게서 우리 가정에 맞는 영적인 결혼의 사명에 대한 가르침이 없으면 자녀에게 있어 결혼이라는 배는 나갈 방향을 몰라 인생의 망망대해에서 헤매게 됩니다. 이러한 가정은 보여지는 육

적인 상황에서 나의 가정에 향하신 영적인 결혼의 답을 찾을 수가 없게 됩니다.

그러므로 부모는 자녀에게 결혼이라는 배가 어디서 어디로 어떻게 가는 배인지를 정확히 알게 하여 목적지까지 도착할 수 있도록 도와주어야 하기 때문입니다.

두 번째 부모가 받은 하나님의 사명을 믿음의 유업으로 이어받을 자녀가 있어야 합니다.
하나님이 원하시는 피조물의 나라와 세상이 부모세대에서 끝이 난다면 하나님이 부부에게 자녀를 주실 이유가 없습니다. 하나님이 부부에게 자녀를 주신다는 것은 하나님이 원하시는 피조물의 나라와 세상을 지금도 이루시기 위한 과정으로 진행되고 있음을 알아야 합니다.

그래서 부모는 부모가 일구어 놓은 하나님의 사명을 자녀에게 대물림이 되어 하나님의 믿음의 유업으로 이어갈 수 있도록 최선을 다해야 합니다. 그리고 부모가 받은 하나님의 사명이 자녀에게서 또 자녀에게 대물림이 될 수 있도록 이 또한 최선을 다해서 가르쳐야 합니다.

만약에 하나님이 원하시는 피조물의 나라와 세상을 이룰 수 있는 하나님의 가정들이 대물림 되지 않고 중간에 끊긴다면 하나님은 새로이 하나님의 가정을 이룰 수 있는 하나님의 사람들을 찾아 결혼하게 하여 하나님은 다시 하나님이 원하시는 피조물의 나라와 세상을 이룰 수 있는 하나님의 가정들을 이 땅위에 세우고

자 하실 것이기 때문입니다.

　세상이 아무리 하나님을 등지고 멀어지게 하는 삶과 생활을 하게 해도 하나님은 하나님의 나라를 포기하지 않으시기 때문입니다.

　세 번째 부모가 받은 하나님의 사명을 신앙과 함께 가정에서 교육하며 가르쳐 줄 수 있는 조부모(동역자)가 있어야 합니다.
　결혼이라는 제도는 한 세대에게만 속한 것이 아니라 위로는 부모세대와 아래로는 자녀세대, 3대(조부모, 부모, 자녀)가 속해 있는 공동체 제도입니다.
　그래서 영적으로 꼭 필요한 것이 3대가 공존할 수 있는 하나님의 사명의식 또는 하나님의 믿음의 유업의식이 필요합니다. 그래야 이것을 토대로 하나님이 원하시는 하나님의 가정을 이루고 유지하며 지켜나갈 수 있는 동기부여가 같을 수 있기 때문입니다.

　그런데 이것을 이루려면 하나님의 사역 결혼문화가 타락한 지금의 영적인 상황에서는 부모 한 세대의 노력만으로는 역부족인 상황으로 힘에 겨운 상태입니다.

> 신32:20: 그가 말씀하시기를 내가 내 얼굴을 그들에게서 숨겨 그들의 종말이 어떠함을 보리니 그들은 심히 패역한 세대요 진실이 없는 자녀임이로다

　그래서 영적으로 깨어 있는 조부모의 도움이 절실히 요구되는 것입니다. 그래야 하나님이 원하시는 하나님의 가정이 든든하게

세워져 갈 수 있기 때문입니다.

(위 내용은 일반적인 신앙의 가정의 내용임을 말합니다.)

참고로 성경에서 말하고 있는 가족관계는 가족이 함께 모여 사는 '씨족사회'를 말하고 있습니다. 이는 하나님이 원하시는 피조물의 나라와 세상을 만들기 위하여 하나님이 세우신 인류에 대한 계획입니다.

그래서 성경은 시대와 인류 역사가 새롭게 시작할 때마다 씨족사회가 근간이 되는 족보(창5:1-32, 창10:1-32, 마1:1-17)를 시작으로 하나님의 인류 사역이 시작되는 것을 알 수 있습니다.

그것은 인류의 역사를 기반으로 우리가 '영적인 존재'라는 것과 우리의 생명이 영적인 뿌리의 힘에서 나오는 생명력이 우리의 부모세대와 부모세대에 의하여 태어나고 또 태어나서 살아가게 되어 있음을 말해주고자 함이기 때문입니다.

> 롬11:18: 그 가지들을 향하여 자랑하지 말라 자랑할지라도 네가 뿌리를 보전하는 것이 아니요 뿌리가 너를 보전하는 것이니라

롬11:18절의 말씀은 부모가 없으면 내가 없고, 나의 자녀도 있을 수 없음을 말해주고 있습니다.

현대사회를 살아가는 우리들의 의식 속에서 결혼하여 부모를 모시고 함께 3대(조부모, 부모, 자녀)가 모여 산다는 것이 시대에 걸맞지 않는 이야기인 듯한 생각을 할 수 있겠지만 이것은 하나

님께서 결혼의 관련된 삶과 생활을 위하여 3대를 만드신 이유와 목적을 모르고 하는 말입니다.

나, 편하자고 부모도, 조부모도, 모시고 살지 않는 것은?
나는 '하나님의 가정을 이루지 않겠다'라는 것과 창1:28절에 하나님이 결혼과 관련된 삶과 생활 속에서 주시고자 하는 '살아 있는 복을 받지 않겠다'라는 것과 하나님께서 인류 역사를 순리대로 정하여 놓으신 결혼에 대한 계획과 뜻에 불순종하며 살아가겠다고 하는 것과 같은 의미라는 것을 알아야 합니다.

> 창1:28: 하나님이 그들에게 복을 주시며 하나님이 그들에게 이르시되 생육하고 번성하여 땅에 충만하라, 땅을 정복하라, 바다의 물고기와 하늘의 새와 땅에 움직이는 모든 생물을 다스리라 하시니라

하나님이 성경에 가정을 3대(조부모, 부모, 자녀)로 만든 것은 세대별로 가정에서 감당해야 할 하나님의 일들이 있기 때문입니다.

> 출20:12: 네 부모를 공경하라 그리하면 네 하나님 여호와가 네게 준 땅에서 네 생명이 길리라

> 레19:32: 너는 센 머리 앞에서 일어서고 노인의 얼굴을 공경하며 네 하나님을 경외하라 나는 여호와이니라

> 욥12:12: 늙은 자에게는 지혜가 있고 장수하는 자에게는 명철이 있느니라

성경에서 말하고 있는 조부모 또는 노인들은 하나님을 경외하게 할 수 있는 믿음의 영역에서 연단을 받아 깨달아 가는 지각으로 하나님께 검증된 자를 의미합니다.

> 시111:10: 여호와를 경외함이 지혜의 근본이라 그의 계명을 지키는 자는 다 훌륭한 지각을 가진 자이니 여호와를 찬양함이 영원히 계속되리로다

이런 분들을 공경하라 하는 것은 영적으로 어른이신 분들이 가지고 있는 영적인 지각의 분량으로 살아가는 삶과 생활을 나의 신앙의 멘토(Mentor)로 올바르게 배워가고 알아가면서 하나님이 원하시는 삶과 생활로 결혼하고 가정을 이루며 하나님이 원하시는 피조물의 나라와 세상을 이루어 가게 하기 위한 하나님의 방법이었습니다.

그래서 자녀(후손)들이 조부모에서 부모에게, 부모에서 자녀(후손)에게로 내려오는 하나님의 믿음의 유업과 같이 하나님의 살아 있는 복이 자녀(후손)들에게 그대로 이어져서 자녀(후손)들이 마22:32절의 말씀처럼 부모세대와 같이 동일하게 하나님이 원하시는 삶을 살아가게 하는 것이 하나님이 원하시는 하나님의 가정을 완성하는 것입니다.

> 마22:32: 나는 아브라함의 하나님이요 이삭의 하나님이요 야곱의 하나님이로라 하신 것을 읽어보지 못하였느냐 하나님은 죽은 자의 하나님이 아니요 살아 있는 자의 하나님이시니라 하시니

그렇습니다. 성경에서 말하는 하나님의 가정은 우리 가정에 향하신 하나님의 계획과 뜻이 무엇인지 알고 하나님이 원하시는 뜻대로 이루어 드리는 가정을 말합니다. 그리고 이러한 하나님의 가정들이 자손 대대로 이어져 내려가기를 원하십니다. 그래서 성경에 구약시대 창5:1절과 신약시대 마1:1절의 계보의 말씀이 기록된 것처럼

> 창5:1: 이것은 아담의 계보를 적은 책이니라 하나님이 사람을 창조하실 때에 하나님의 모양대로 지으시되

> 마1:1: 아브라함과 다윗의 자손 예수 그리스도의 계보라

우리 가족들의 역사도 믿음의 계보 책에 기록되기를 하나님은 원하십니다. 왜냐하면 하나님이 원하시는 피조물의 나라와 세상을 이룰 수 있는 믿음의 계보는 지금도 진행되고 있기 때문입니다.

> 계 20:12: 또 내가 보니 죽은 자들이 큰 자나 작은 자나 그 보좌 앞에 서 있는데 책들이 펴 있고 또 다른 책이 펴졌으니 곧 생명책이라 죽은 자들이 자기 행위를 따라 책들에 기록된 대로 심판을 받으니

그래서 성경을 통해 조부모의 역할을 보면 조부모를 중심으로 진행되는 세대에서 세대를 연결하는 중요한 가교역할을 하는 막중한 사명이 주어졌음을 알게 합니다.

9) 자녀[조부모, 부모의 사명 세습(자녀양육)]의 과정

자녀의 과정은 신앙의 과정의 첫 번째의 과정으로 영적인 신앙과 영적인 결혼에 대한 믿음이 없는 자녀에게 신앙과 결혼에 대한 믿음을 가질 수 있도록 부모가 교회의 새 신자 과정과 같이 자녀를 양육하며 교육하는 과정을 말합니다.

이 자녀의 과정이 중요한 것은 부모의 신앙적인 양육과 교육으로 믿음이 없는 자녀가 눈에 보이지 않는 영적인 하나님과 예수님에 대한 존재를 성령의 체험으로 인지하고 말씀과 기도와 찬양으로 하나님을 예배하며 섬기는 부모의 신앙을 보면서 신앙에 대한 영적인 이해와 인식으로 예수 그리스도께서 우리들의 죄를 위하여 십자가에서 죽으시고 삼일 만에 부활하셔서 죽음의 권세를 이기시고 나의 구원자 되심을 믿고 나의 죄를 회개하여 믿음으로 구원받아 믿음 없는 자녀에서 하나님의 자녀로 거듭나는 신앙의 과정이기 때문입니다.

그리고 신앙으로 거듭나는 과정에서 영적으로 거듭나야 할 것이 하나 더 있습니다. 그것은 영적인 결혼관입니다.

이것은 창조시대 아담과 하와의 결혼으로 하나님이 원하시는 피조물의 나라와 세상을 만들고자 하신 하나님의 사역으로 피조물인 인류에게 주어진 지상명령입니다. 이 지상명령은 하나님이 원하시는 결혼을 시작으로 하나님이 원하시는 가정을 이루어 하나님이 원하시는 영적인 결혼문화로 사회적 구성을 완성하여 하나님이 원하시는 피조물의 나라와 세상을 만드는 것입니다.

그러므로 부모는 믿음이 없는 어린 자녀에게 가정에 향하신 하나님의 계획과 뜻을 기준으로 자녀에게 영적인 신앙관과 함께 영적인 결혼관을 양육하며 영적인 사회성을 길러 줘야 합니다. 그래서 자녀가 결혼과 관련된 신앙생활들을 영적으로 충분히 이해하여 영적인 결혼이 무엇인지를 깨닫고 알게 해서 하나님이 원하시는 피조물의 나라와 세상을 이룰 수 있는 영적인 결혼을 하고자 하는 의지와 의식을 가지고 노력할 수 있게 하는 것이 자녀의 과정에 속한 부모의 사명이자 이 과정의 중심의 내용입니다.

그래서 부모는 마7:24-27절의 말씀처럼 자녀양육과 교육에 있어 가정중심으로 영적인 신앙관과 영적인 결혼관의 기초를 튼튼히 하는 과정들을 영적으로 긴장하며 준비하여 부모에게 주어진 사명을 성실히 잘 감당하여 믿음이 없는 자녀에서 믿는 하나님의 자녀로 거듭나게 해야 함을 잊어서는 안 됩니다.

이것이 제대로 되지 아니하면 부모는 부모대로 자녀는 자녀대로 원하는 결과가 아닌 원하지 않는 힘든 결과를 초래할 수 있는 중요한 사항이기 때문입니다.

> 마7:24: 그러므로 누구든지 나의 이 말을 듣고 행하는 자는 그 집을 반석 위에 지은 지혜로운 사람 같으리니 25: 비가 내리고 창수가 나고 바람이 불어 그 집에 부딪치되 무너지지 아니하나니 이는 주추를 반석 위에 놓은 까닭이요 26: 나의 이 말을 듣고 행하지 아니하는 자는 그 집을 모래 위에 지은 어리석은 사람 같으리니 27: 비가 내리고 창수가 나고 바람이 불어 그 집에 부딪치매 무너져 그 무너짐이 심하니라

그 이유는 아담과 하와의 선악과 사건 이후로 세상은 고후4:4, 시95:10, 계12:9, 딤전5:15절 등의 말씀과 같이 하나님과 등지는 것을 우리 자녀들에게 가르치고 있기 때문입니다.

> 고후4:4: 그 중에 이 세상의 신이 믿지 아니하는 자들의 마음을 혼미하게 하여 그리스도의 영광의 복음의 광채가 비치지 못하게 함이니 그리스도는 하나님의 형상이니라

> 시95:10: 내가 사십 년 동안 그 세대로 말미암아 근심하여 이르기를 그들은 마음이 미혹된 백성이라 내 길을 알지 못한다 하였도다

> 계12:9: 큰 용이 내쫓기니 옛 뱀 곧 마귀라고도 하고 사탄이라고도 하며 온 천하를 꾀는 자라 그가 땅으로 내쫓기니 그의 사자들도 그와 함께 내쫓기니라

> 딤전5:15: 이미 사탄에게 돌아간 자들도 있도다

선악과 사건 이전의 창조시대의 아담과 하와 때는 영적인 센서(sensor)로 하나님과 교류, 교제, 교통이 가능하여 하나님의 계획과 뜻에 대한 창조목적(창1:26-28)의 신앙관을 가지고 생육하고 번성하여 땅에 충만하며 정복하는 삶을 살아가면서 하나님이 원하시는 결혼과 하나님이 원하시는 가정을 이루며 하나님이 원하시는 피조물의 나라와 세상을 이룰 수 있는 영적인 결혼의 의지를 가지고 하나님의 뜻대로 살아갈 수 있는 결혼에 대한 지혜와 능력으로 하나님이 원하시는 결혼으로 하나님이 원하시는 가정을 이루며 살아갈 수 있는 삶과 생활이 가능했지만, 들짐승인 뱀의

선악과 사건의 유혹(창3:1-7)을 시작으로 인류는 하나님께 타락하는 죄와 죄악을 범하는 세대로 이어져 내려오면서 영적으로 거룩한 영성을 잃어버린 세대가 되어 하나님의 창조목적의 계획과 뜻에서 벗어난 육적인 결혼과 가정을 이루며 살아가는 시대의 삶과 생활로 하나님과 멀어져 가는 것이 현실처럼 되었으나,

예수 그리스도의 구원과 하나님의 은혜로 성경에서는 여전히 하나님이 원하시는 결혼으로 하나님이 원하시는 부부가 되게 하여 하나님이 원하시는 자녀를 주어서 하나님이 원하시는 가정들을 이루어 하나님이 원하시는 피조물의 나라와 세상을 이루고자 하신 것을 알 수 있게 합니다.

문제는 영적으로 하나님과 교류, 교제, 교통 할 수 있는 거룩한 영성을 잃어버린 자녀세대에게 성경의 역사와 함께 하나님에 대한, 예수님에 대한, 성령님에 대한 믿음과 신뢰를 가질 수 있도록 부모가 자녀양육을 통해서 해주어야 한다는 것입니다.

그런데 이것이 말처럼 쉽지 않은 것이 자녀가 입술로만이 아닌 인격적으로 주님을 만나고 영접하여 하나님의 자녀로 거듭나기까지의 과정이 많은 시간과 인내와 기다림을 요한다는 것입니다.

그래서 결혼의 8단계 과정 중에서 기한과 시간이 가장 많이 소요되는 과정이 바로 '자녀의 과정'입니다. 자녀의 경우에 따라 다른 사람들도 있겠지만 앞서 말한 것처럼 자녀는 하나부터 열까지 신앙심이 하나도 없는 하얀 백지상태이기 때문에 부모를 통해서 자녀가 영아부, 유치부, 유년부, 초등부, 중등부, 고등부 때 영적

인 신앙관과 함께 영적인 결혼관에 대하여 기초적으로 정립되어야 하는 내용들이 많고, 성장하면서 예배와 말씀과 기도와 찬양을 통해 하나님을 영적으로 몸소 체험하며 알아가야 하는 시간이 있어야 하기 때문입니다.

그래서 부모는 영적인 가정의 사역자의 의식을 가지고 자녀가 태어나면 믿음 없는 자녀가 약1:14절의 말씀처럼 시험에 들지 않고 부모의 신앙을 본받아 안정적으로 부모의 영적인 보호와 인도함 속에 영적인 신앙관과 결혼관에 대하여 의미를 깨닫고 영적으로 성장할 수 있는 신앙생활을 잘할 수 있도록 최선을 다해 가르칠 수 있어야 합니다.

약1:14: 오직 각 사람이 시험을 받는 것은 자기 욕심에 끌려 미혹 됨이니

(1) 자녀가 부모에게서 태어나면 태어난 이유와 목적을 설명해 주어야 합니다.

성경을 보면 하나님은 결혼한 부부에게 자녀를 주어 부모가 되게 하시는 것을 알 수 있습니다. 그리고 하나님이 부부에게 왜? 자녀를 주시는 가를 살펴보니 하나님이 원하시는 피조물의 나라와 세상을 만들기 위하여 부모에게 자녀를 주시는 것 또한 알 수 있습니다.

그렇다면 이 말의 의미는 부모는 하나님이 원하시는 피조물의 나라와 세상을 만들기 위하여 주신 자녀를 하나님이 원하시는 피

조물의 나라와 세상을 이룰 수 있도록 자녀양육을 할 수 있어야 한다는 것이고 자녀는 내가 부모에게서 태어난 이유와 목적을 알고서 부모와 함께 하나님이 원하시는 피조물의 나라와 세상을 이루기 위한 삶과 생활을 해야 한다는 것을 알 수 있습니다.

부모와 자녀의 육적인 관계로는 혈연 관계적 공동체이지만 영적으로는 부모와 자녀의 관계는 신앙적, 사명적, 사역적 공동체로 하나님의 가정이라는 하나의 영적인 체제 안에서 하나님이 원하시는 피조물의 나라와 세상을 이루어 가는 가족으로 세상에 설정해 놓으신 것입니다.

그래서 부모는 자신들의 자녀로 태어나 자라나는 자녀에게 하나님이 결혼을 만드신 목적과 부모에게 자녀를 주시는 목적을 성경을 토대로 너희가 왜? 엄마, 아빠에게서 태어난 이유와 목적이 무엇인지에 대하여 잘 설명해 주어야 합니다.

이것이 자녀들에게 있어서 가정중심적인 신앙생활의 기준이자 기초가 되기 때문입니다.

① 부모에게 자녀가 태어난 이유
하나님이 원하시는 피조물의 나라와 세상을 이루어 가기 위하여 "생명의 유업"을 지속적으로 잇기 위함입니다. 생명의 유업이 없이는 이룰 수 없기 때문입니다.
② 부모에게서 자녀가 태어난 목적
부모에게 맡겨진 하나님의 사명을 "믿음의 유업"으로 이어가게 하기 위한 것입니다. 부모세대에서 끊어진다면 인류에 대한 하나

님의 창조목적을 이룰 수 없기 때문입니다.

(2) 부모가 받은 하나님의 사명을 믿음의 유업으로 잇는 것이 자녀에게 주어진 사명임을 알려 주어야 합니다.

성경에서 하나님이 결혼을 만드신 내용을 보면 하나님이 천지창조 하시고 난 후에 피조물에 대한 창조목적(창1:26-28)을 이루시기 위하여 사람에게는 돕는 배필(창2:18)로 혈육 있는 생물(창6:19)에게는 암수 한 쌍씩 함께 살게 하신 것을 알 수 있습니다.

하나님이 이렇게 하신 이유는 하나님이 피조물을 창조하신 목적을 이루기 위하여 준비하신 것이었습니다.

우리는 이것을 통해서 분명히 알아야 하는 것이 있습니다. 그것은 결혼이 사람을 위하여 만들어진 것이 아니라 '하나님의 창조목적을 위하여 만들어진 것'이라는 것입니다.

그래서 성경을 보면 아담과 하와의 일생(창2:7-8, 창2:17-18, 창3:11, 등)이 아담과 하와의 일생을 위하여 기록된 것이 아니라 하나님의 창조목적을 위하여 기록된 것을 알 수 있고 아담과 하와의 결혼도 창2:21-25절의 말씀처럼 아담과 하와 두 사람이 결혼을 원해서 결혼의 목적과 계획을 세우고 결혼을 한 것이 아니라 하나님이 원하시는 창조목적의 뜻대로 아담과 하와가 결혼해서 가정을 이루게 하시고 자녀(창4:1)를 주시는 것을 알 수 있습니다.

창2:21: 여호와 하나님이 아담을 깊이 잠들게 하시니 잠들매 그가 그 갈빗대 하나를 취하고 살로 대신 채우시고 22: 여호와 하나님이 아담에게서 취하신 그 갈빗대로 여자를 만드시고 그를 아담에게로 이끌어 오시니 23: 아담이 이르되 이는 내 뼈 중의 뼈요 살 중의 살이라 이것을 남자에게서 취하였은즉 여자라 부르리라 하니라 24: 이러므로 남자가 부모를 떠나 그의 아내와 합하여 둘이 한 몸을 이룰지로다 25: 아담과 그의 아내 두 사람이 벌거벗었으나 부끄러워하지 아니하니라

그리고 이 과정에서 우리는 또 하나 하나님께서 하나님의 창조목적대로 하신 것을 알 수 있었습니다. 그것은 자녀의 출생입니다.

아담과 하와는 본인들의 결혼과 같이 자녀에 대한 계획도 없었습니다. 그래서 아담과 하와가 자녀를 원해서 자녀 출생에 대하여 계획을 세우거나 준비한 적도 없었습니다. 아마 본인들에게서 본인들의 자녀들이 본인들에 의해 출생한다는 것조차도 하나님이 알려 주지 않았다면 알지 못했을 것입니다.

그렇습니다. 하나님은 결혼은 물론이며 부부에게서 태어나는 자녀들도 하나님의 창조목적의 섭리에 맞게 인류의 삶에 설정하신 것이었습니다.

그 이유는 하나님이 원하시는 피조물의 나라와 세상을 위한 창조목적에 의해 하나님의 뜻대로 부모에게 주어진 삶과 생활이 끊어지지 않고 지속되게 하기 위하여 부부에게 자녀를 주어 하나님이 원하시는 인류를 형성할 수 있도록 하신 것이었습니다.

그래서 하나님은 하나님이 원하시는 피조물의 나라와 세상을 만들기 위하여 부부는 돕는 배필로 자녀는 돕는 관계로 서로 도와 하나님이 원하시는 하나님의 가정을 이루게 하셨는데 중요한 것은 부모가 하나님께 받은 사명이 자녀 자신에게 주어진 사명과 같이 받아들일 수 있도록 양육하는 것이고 자녀는 하나님의 창조목적에 의해 본인이 부모에게서 태어난 영적인 사실과 현실을 말씀과 신앙으로 깨닫고 부모에게 주어진 사명이 곧 나에게 주어진 사명임을 믿고 부모의 사명을 자신의 믿음의 유업으로 이어 갈 준비를 해야 한다는 것입니다.

만약에 부모가 받은 하나님의 사명을 자녀가 믿음의 유업으로 이어가지 않고 자신의 소견에 옳은 길로 간다면 하나님은 또 다른 하나님의 뜻에 합한 사람을 찾아 또다시 수십 년간 시간과 공을 들여 믿음 없는 자를 믿음이 있는 자로 세상에 세워 하나님의 일을 맡기시고자 하실 것입니다.
이것은 하나님도 하나님의 피조물로 쓰임을 받는 우리들 모두에게 영적으로 엄청나게 큰 손실임을 알아야 합니다.

(3) 자녀양육의 내용과 기준이 분명해야 합니다.

자녀의 과정에 있어서 신앙에 대한 믿음이 없는 자녀에게 믿음이 생기게 하기 위해서는 자녀양육의 내용과 기준이 상당히 중요합니다.
자녀 양육의 내용과 기준이 무엇이냐에 따라 자녀의 정체성과 가치관에 의해 자녀의 삶과 생활에 변화를 줄 수 있기 때문입니다. 이 말은 자녀가 하나님의 사람이 되느냐? 세상 사람이 되느냐가 결정되는 것과 같다는 것입니다.

성경은 계3:15-16절 말씀처럼 하나님은 우리의 신앙이 분명한 것을 요구하십니다. 이것은 자녀양육에 있어서도 하나님은 부모에게 동일하게 요구하실 것입니다. 왜냐하면 부모는 자녀양육에 대한 책임이 있기 때문입니다.

> 계3:15: 내가 네 행위를 아노니 네가 차지도 아니하고 뜨겁지도 아니하도다 네가 차든지 뜨겁든지 하기를 원하노라 16: 네가 이같이 미지근하여 뜨겁지도 아니하고 차지도 아니하니 내 입에서 너를 토하여 버리리라

그러므로 부모는 하나님이 하나님의 믿음의 기업(시127:3)을 위하여 자녀를 주신 것을 잊어서는 안 됩니다.

① 자녀양육의 내용

> 롬10:10: 사람이 마음으로 믿어 의에 이르고 입으로 시인하여 구원에 이르느니라

가정에서 믿음이 없는 어린 자녀가 롬10:10절의 말씀처럼 마음의 문을 열고 주님을 나의 구주로 영접하는 믿음을 갖게 하기 위해서는 영적인 체험과 함께 부모의 안정적인 신앙의 양육과 교육이 절대적입니다. 어린 자녀가 태어난 가정을 중심으로 믿음의 양육과 교육을 해야 하는 것이기 때문입니다.

그래서 부모는 자녀가 가정에 태어나기 전에 그 가정에 허락하신 하나님의 가정을 이루기 위하여 기본적으로 가르쳐야 할 것이

있는데 그것은 신앙과 말씀을 중심으로 하는 피조물의 본분에 속하는 정체성, 가치관, 본분, 분복입니다. 이것은 하나님이 자녀가 부모에게서 태어나기 전에 부모가 자녀의 신앙을 위하여 준비해야 할 부모에게 주신 숙제입니다.

첫 번째. 정체성(identity)
정체성은 존재의 본질 "나는 누구인가?"(Who Am I?)을 표현하는 말로써 내가 누구인지를 깨닫고 나에 대하여 있는 그대로 나의 존재를 나 자신 스스로가 나를 인정 할 수 있는 내면의 강한 의식 또는 나 자신을 존중하며 사랑할 수 있는 힘을 말합니다.

그래서 신앙적으로 자신의 정체성에 대하여 정립이 잘되어 있는 사람들에게서의 특징이 있는데 그것은 자신이 누구인지를 알고 자신이 가야 할 길 해야 할 일과 그리고 자신의 삶을 다하여 이루어야 할 일에 대하여 깨닫고 후회 없는 영적인 인생을 눅24:26절의 예수님과 같이 빌3:8, 행20:24, 딤후4:7-8절의 말씀처럼 자신에게 주어진 일들이 감당하기 어려워 힘겨움이 있어도 포기하지 않고 자신의 십자가의 길을 준비하며 앞으로 나아가는 모습을 보여주고 있다는 것입니다.

눅24:26: 그리스도가 이런 고난을 받고 자기의 영광에 들어가야 할 것이 아니냐 하시고

빌3:8: 또한 모든 것을 해로 여김은 내 주 그리스도 예수를 아는 지식이 가장 고상하기 때문이라 내가 그를 위하여 모든 것을 잃어버

리고 배설물로 여김은 그리스도를 얻고

행20:24: 내가 달려갈 길과 주 예수께 받은 사명 곧 하나님의 은혜의 복음을 증언하는 일을 마치려 함에는 나의 생명조차 조금도 귀한 것으로 여기지 아니하노라

딤후4:7: 나는 선한 싸움을 싸우고 나의 달려갈 길을 마치고 믿음을 지켰으니 8: 이제 후로는 나를 위하여 의의 면류관이 예비되었으므로 주 곧 의로우신 재판장이 그 날에 내게 주실 것이며 내게만 아니라 주의 나타나심을 사모하는 모든 자에게도니라

이것은 자신의 존재 인식에 대하여 내가 누구이며 무엇을 위하여 어떻게 살아가야 하는지를 정확히 알고 있기에 가능한 것으로 선택적 결과가 아닌 결과적 선택의 의지로 나타나는 것을 알 수 있는데 공통점은 시기와 때는 다르지만 모두 다! 같이 '성령세례와 성령 충만'을 받았다는 것입니다.

그러므로 부모는 자녀의 과정에 있어 믿음이 없는 자녀에게 천지 만물을 창조하신 하나님의 창조목적을 위하여 세상의 주인 되시는 하나님께서 하나님이 원하시는 피조물의 나라와 세상을 이루시기 위하여 피조물인 인류에게 맡기신 하나님의 일들을 감당하게 하기위하여 부모와 같이 자신이 영적인 피조물의 존재로 부모에게서 태어난 영적인 피조물이라는 것과 부모를 도와 함께 감당해야 할 것과 개인에게 주어진 하나님의 일(가정중심적 신앙생활과 개인사명적 신앙생활)이 있어서 부모인 엄마, 아빠에게서 태어나게 하신 것을 자녀가 인격적으로 인지하고 깨닫게 하여 자신

의 존재를 하나님의 영적인 창조목적의 비전에 대한 신뢰와 믿음을 가지고 하나님에게서 자신의 인생의 답을 찾게 하는 것이 중요합니다.

그래서 자녀는 부모가 본(요13:15)을 보이는 신앙의 영향을 받아 자녀가 예수님을 믿고 구원받아 죄로 단절된 하나님과 영적인 만남을 성령세례와 성령 충만을 통해서 자신이 영적인 존재에 대한 본질의 답을 창1:1, 사43:7, 롬9:21, 갈6:10절 등의 말씀에서 영적으로 하나님과 관계가 온전하여지고 고후5:17절의 말씀처럼 가정에서 먼저 새로운 피조물로 거듭나는 체험을 통해 인류에게 있어 하나님의 신앙이 시작되는 가정안에서 자신이 하나님이 원하시는 가정을 이루어 가는 하나님의 피조물임을 인격적으로 받아들이며 레26:12절의 말씀의 의미처럼 "하나님은 나의 주인 나는 하나님의 피조물"이라는 영적인 신앙의 정체성 안에서 주의 은혜로 롬8:15절의 말씀과 같이 가정에서 하나님의 자녀로 거듭나게 하는 자녀양육을 할 수 있어야 합니다.

창1:1: 태초에 하나님이 천지를 창조하시니라

사43:7: 내 이름으로 불려지는 모든 자 곧 내가 내 영광을 위하여 창조한 자를 오게 하라 그를 내가 지었고 그를 내가 만들었느니라

롬9:21: 토기장이가 진흙 한 덩이로 하나는 귀히 쓸 그릇을, 하나는 천히 쓸 그릇을 만들 권한이 없느냐

갈6:10: 그러므로 우리는 기회 있는 대로 모든 이에게 착한 일을

하되 더욱 믿음의 가정들에게 할지니라

고후5:17: 그런즉 누구든지 그리스도 안에 있으면 새로운 피조물이라 이전 것은 지나갔으니 보라 새 것이 되었도다

레26:12: 나는 너희 중에 행하여 너희의 하나님이 되고 너희는 내 백성이 될 것이니라

롬8:15: 너희는 다시 무서워하는 종의 영을 받지 아니하고 양자의 영을 받았으므로 우리가 아빠 아버지라고 부르짖느니라

두 번째. 가치관(values)

가치관은 가치(value)판단에 대한 관점(aspect, perspective)을 표현하는 것으로 롬8:5-6, 롬14:8, 고전10:31절과 같이 자신의 삶의 가치를 추구하고자 하는 강한 신념(faith)처럼 자기 자신이 가지고 있는 가치 의식에 따라 형성된 나의 이상을 말합니다.

롬8:5: 육신을 따르는 자는 육신의 일을, 영을 따르는 자는 영의 일을 생각하나니 6: 육신의 생각은 사망이요 영의 생각은 생명과 평안이니라

롬14:8: 우리가 살아도 주를 위하여 살고 죽어도 주를 위하여 죽나니 그러므로 사나 죽으나 우리가 주의 것이로다

고전10:31: 그런즉 너희가 먹든지 마시든지 무엇을 하든지 다 하나님의 영광을 위하여 하라

이것은 내게 주어진 이 세상의 삶 속에서 옳고 그름의 차이를 경험하며 깨달아 가면서 내가 이 땅위에서 무엇을 위하여 어떻게 살아가야 하는지에 대한 나의 존재 의미를 깨닫고 빌4:9절의 말씀과 같이 나의 인생의 목적과 방향을 설정하여 앞으로 나아가고자 하는 영적인 이상적 현실을 말해주고 있습니다.

> 빌4:9: 너희는 내게 배우고 받고 듣고 본 바를 행하라 그리하면 평강의 하나님이 너희와 함께 계시리라

이러한 영적인 이상적 현실에 대하여 잠22:6절은 부모가 어린 자녀에게 마땅히 행할 것을 가르치는 것이 가장 이상적인 것으로 말씀하고 있습니다.

> 잠22:6: 마땅히 행할 길을 아이에게 가르치라 그리하면 늙어도 그것을 떠나지 아니하리라

그러므로 부모는 믿음이 없는 자녀에게 영적인 신앙의 믿음으로 "하나님은 나의 주인 나는 하나님의 피조물"이라는 영적인 정체성과 피조물의 정의(주인의 필요와 목적을 따라 창조되거나 만들어진 도구)와 함께 피조물의 삶과 생활이 무엇인지 알 수 있도록 자녀를 양육하여 자녀가 히2:14-15절의 말씀처럼 영적인 신앙의 가치관과 함께 영적인 결혼의 가치관이 계19:7-8절의 말씀처럼 형성될 수 있도록 자녀를 양육 하는 것이 중요합니다.

> 히2:14: 자녀들은 혈과 육에 속하였으매 그도 또한 같은 모양으로 혈과 육을 함께 지니심은 죽음을 통하여 죽음의 세력을 잡은 자 곧 마귀를 멸하시며 15: 또 죽기를 무서워하므로 한평생 매여 종 노릇

하는 모든 자들을 놓아 주려 하심이니

계19:7: 우리가 즐거워하고 크게 기뻐하며 그에게 영광을 돌리세 어린 양의 혼인 기약이 이르렀고 그의 아내가 자신을 준비하였으므로 8: 그에게 빛나고 깨끗한 세마포 옷을 입도록 허락하셨으니 이 세마포 옷은 성도들의 옳은 행실이로다 하더라

그래서 하나님이 원하시는 결혼으로 하나님이 원하시는 가정을 이루려면 하나님이 원하시는 영적인 신앙의 가치관 안에서 영, 육적인 결혼의 가치관이 기초적으로 형성되어야 믿음 없는 자녀에서 신뢰하고자 하는 믿음이 생기게 되면서 하나님의 자녀로 성장하는 것이 순조롭게 진행될 수 있어야 합니다.

믿음 없던 자녀가 신앙의 삶과 생활에서 하나님이 원하시는 영, 육적인 결혼과 관련된 삶과 생활에 대하여 알아가면서 결혼과 가정이 무엇이며 어떻게 살아가야 하는지를 알아가는 과정에서 하나님과 더 성숙한 인격적인 교제와 만남을 통해 하나님이 원하시는 하나님의 사람으로 성장하여 내가 가야 할 길, 해야 할 일과 내 인생에 있어서 이루어야 할 일이 무엇인지를 알고 하나님이 원하시는 돕는 배필로 성장하여 하나님이 인도하시는 돕는 배필을 만나 하나님이 원하시는 결혼과 가정을 이룰 수 있기 때문입니다.

이것은 결혼의 과정에서 하나님께서 원하시는 자녀양육의 과정으로 부모에게 주어진 사역과 가정에 향하신 사명을 감당하기 위해서는 반드시 진행되어야 할 과정입니다. 그래서 믿음 없는 자

녀가 믿는 자녀로 거듭나서 하나님의 자녀가 되게 해야 하는 것입니다.

성경을 보면 성경 인물 중에 아브라함, 모세, 베드로, 사도바울, 등등 수많은 사람들이 영적으로 하나님과 예수님을 만나게 되면서 영적인 존재 의식의 정체성과 가치관의 변화로 자신의 뜻이 아닌 하나님과 예수님의 뜻을 위해 선지자와 제자가 되어 쓰임을 받는 것을 쉽게 볼 수 있습니다.

이러한 모습들을 보면서 부모가 알아야 할 것이 있습니다.

그것은 가정에서도 자녀가 부모의 도움으로 하나님과 예수님의 인격적인 만남으로 믿음 없던 자녀가 육적인 정체성과 가치관의 삶과 생활에서 영적인 정체성과 가치관의 삶과 생활의 변화가 가정 밖에서가 아닌 가정 안에서 먼저 있어야 한다는 것입니다.

왜냐하면 하나님은 부모를 통해서 자녀가 하나님의 영적인 정체성을 중심으로 영적인 가치관이 정립되어 하나님이 원하시는 모든 신앙생활이 가정에서 시작되기를 원하시기 때문입니다.

믿음이 없는 가정이라면 마19:30절의 말씀처럼 먼저 될 일이 나중 되고 나중 될 일이 먼저 되는 경우도 있겠지만 믿음이 있는 가정이라면 하나님이 부모에게 자녀를 주시는 이유와 목적에 맞게 영적인 결혼의 가치와 소중함을 자녀에게 신앙으로 알게 하여 자녀가 하나님이 원하시는 영적인 결혼의 가치관으로 먼저 될 일들이 먼저 될 수 있도록 딤후3:14-17절의 말씀처럼 준비하게 하는 것이 부모에게 사역으로 주어진 역할임을 부모는 알아야 합니다.

마19:30: 그러나 먼저 된 자로서 나중 되고 나중 된 자로서 먼저 될 자가 많으니라

딤후3:14: 그러나 너는 배우고 확신한 일에 거하라 너는 네가 누구에게서 배운 것을 알며 15: 또 어려서부터 성경을 알았나니 성경은 능히 너로 하여금 그리스도 예수 안에 있는 믿음으로 말미암아 구원에 이르는 지혜가 있게 하느니라 16: 모든 성경은 하나님의 감동으로 된 것으로 교훈과 책망과 바르게 함과 의로 교육하기에 유익하니 17: 이는 하나님의 사람으로 온전하게 하며 모든 선한 일을 행할 능력을 갖추게 하려 함이라

세 번째. 본분(sphere, one's part)

본분은 내게 맡겨진 일에 대하여 의무적으로 내가 지키며 마땅히 감당해야 할 일이나 행동을 말합니다. 이것은 마25:14-15, 고전12:17-18, 딤후2:20-21, 수1:8, 전12:13절의 말씀처럼 각 사람들에게 주어진 신앙의 역할에 따라서 희비가 엇갈릴 수는 있겠지만 중요한 것은 내 의사와는 상관없이 내 재능에 맞게 주인이신 하나님께서 하나님의 일을 맡기셨다는 것과 이에 대한 평가를 받는다는 것입니다. 그 이유는 내게 맡겨진 일의 필요에 따라 하나님을 위한 피조물로 창조되었기 때문입니다.

마25:14: 또 어떤 사람이 타국에 갈 때 그 종들을 불러 자기 소유를 맡김과 같으니 15: 각각 그 재능대로 한 사람에게는 금 다섯 달란트를, 한 사람에게는 두 달란트를, 한 사람에게는 한 달란트를 주고 떠났더니

고전12:17: 만일 온 몸이 눈이면 듣는 곳은 어디며 온 몸이 듣는 곳이면 냄새 맡는 곳은 어디냐 18: 그러나 이제 하나님이 그 원하시는 대로 지체를 각각 몸에 두셨으니

딤후2:20: 큰 집에는 금 그릇과 은 그릇뿐 아니라 나무 그릇과 질그릇도 있어 귀하게 쓰는 것도 있고 천하게 쓰는 것도 있나니 21: 그러므로 누구든지 이런 것에서 자기를 깨끗하게 하면 귀히 쓰는 그릇이 되어 거룩하고 주인이 쓰심에 합당하며 모든 선한 일에 준비함이 되리라

수1:8: 이 율법책을 네 입에서 떠나지 말게 하며 주야로 그것을 묵상하여 그 안에 기록된 대로 다 지켜 행하라 그리하면 네 길이 평탄하게 될 것이며 네가 형통하리라

전12:13: 일의 결국을 다 들었으니 하나님을 경외하고 그의 명령들을 지킬지어다 이것이 모든 사람의 본분이니라

이것은 부모의 신앙 안에서 자녀양육이 진행되는 과정으로 영적인 피조물의 정체성과 가치관에서 형성 되어가는 영적인 피조물의 본분 의식으로, 피조물로서 내가 해야 할 일과 가야 할 길 그리고 이루어야 할 일에 대하여 깨달아 가면서 하나님께서 하나님을 위하여 내게 맡기신 하나님의 일을 사명과 같이 내가 감당해야 한다는 영적인 피조물의 사역자적인 의식으로서 히5:13-14절의 말씀과 같이 영, 육적인 것을 분별하면서 약2:26절의 말씀처럼 행함 있는 믿음으로 필요에 따라 피조물을 창조하신 하나님의 의를 구하고자 하는 피조물의 자유의지를 말합니다.

히5:13: 이는 젖을 먹는 자마다 어린 아이니 의의 말씀을 경험하지 못한 자요 14: 단단한 음식은 장성한 자의 것이니 그들은 지각을 사용하므로 연단을 받아 선악을 분별하는 자들이니라

약2:26: 영혼 없는 몸이 죽은 것 같이 행함이 없는 믿음은 죽은 것이니라

그러므로 부모는 부모에게 사명화된 하나님을 위한 신앙의 삶과 생활을 자녀에게 믿음의 유업으로 신앙의 전도와 사명의 세습으로 양육하면서 자녀가 부모의 영적인 영향을 받아 부모가 만난 하나님을 자녀가 만날 수 있도록 하는 것이 중요합니다.

그래서 자녀가 왕하2:9절에 나오는 엘리사처럼 엘리야에게 임한 성령의 역사가 갑절로 내게 임하기를 간구한 것 같이 자녀들도 부모에게 임한 성령의 역사를 갑절로 받고자 하는 기도와 간구를 할 수 있도록 하게 하여 부모가 가지고 있는 하나님의 사명에 대한 사역의식을 자녀 자신의 신앙의 삶으로 인지하게 하여 부모가 감당하며 살아왔던 하나님을 위한 삶이 이제는 부모의 뒤를 이어 내가 감당해야 할 하나님의 삶이라는 것을 자녀 스스로 인격적으로 받아들이게 하면서 자연스럽게 본인 신앙의 사명의 본분으로 정립되게 하여 좌로나 우로나 치우치지 않고 빌4:11-13절의 말씀같이 자족할 수 있는 신앙의 힘을 길러 주님이 내게 허락하신 삶과 생활에 대한 감사와 만족 된 신앙의 삶을 통해 자신이 영적으로 해야 할 일, 가야 할 길, 이루어야 할 일에 대하여 세상 풍파에 흔들리지 않고 주님의 뜻대로 순종할 수 있게 되어야 합니다.

빌4:11: 내가 궁핍하므로 말하는 것이 아니니라 어떠한 형편에든지 나는 자족하기를 배웠노니 12: 나는 비천에 처할 줄도 알고 풍부에 처할 줄도 알아 모든 일 곧 배부름과 배고픔과 풍부와 궁핍에도 처할 줄 아는 일체의 비결을 배웠노라 13: 내게 능력 주시는 자 안에서 내가 모든 것을 할 수 있느니라

그래서 부모가 자녀에게 가르치게 되는 본분은 대부분이 부모가 받은 하나님의 사명의 삶과 생활의 기준이 자녀의 본분이 되어 부모에게 향하신 하나님의 뜻과 계획이 자녀에게도 동일한 하나님의 계획과 뜻이 되어 믿음의 유업으로 이어가게 되는 것을 알 수 있습니다.

이것은 하나님이 원하시는 피조물의 나라와 세상을 이루고자 하시기 위하여 부모에게 자녀를 주시는 목적대로 진행하시고자 하는 하나님의 뜻임을 알고 부모는 자녀가 영적인 피조물의 본분의 의식을 가지고 하나님의 유업을 충실히 이어갈 수 있도록 양육해야 함을 알아야 합니다.

그리고 부모는 자녀에게 결혼은 하나님의 사역을 위한 것이며, 부부와 부모의 삶과 생활은 하나님이 원하시는 피조물의 나라와 세상을 이루어야 하는 사명을 받은 사역자의 삶이라는 것을 영적으로 깨닫게 하여 결혼과 관련된 영적인 삶과 생활을 준비하게 해야 합니다.

왜냐하면 자녀들도 시간이 지나면 결혼하여 부모가 되어 자녀를 낳아 양육하게 되면서 자녀에게 믿음의 유업을 잇는 영적인

피조물의 본분의 삶과 생활을 지속적으로 가르쳐야 하기 때문입니다.

네 번째, 분복(Born Blessings, portion)
분복은 각자 타고난 복으로 렘13:25절의 말씀처럼 일생을 살아가는 동안 하나님께서 정하여 주신 분깃으로 내게 주어진 복의 양을 말합니다.

렘:13:25: 여호와의 말씀이니라 이는 네 몫이요 내가 헤아려 정하여 네게 준 분깃이니 네가 나를 잊어버리고 거짓을 신뢰하는 까닭이라

이것은 하나님께서 하나님이 주신 사명에 맞는 본분의 삶과 생활을 정하여 주시는 과정에서 주어진 역할에 맞는 생활의 삶을 살아가게 하시고자 하는 하나님의 계획이자 뜻임을 알 수 있습니다.

중요한 것은 하나님이 헤아려 정하여 주신 분복이 부모가 받은 하나님의 사명 안에 주어진 본분과 함께 자녀에게 주어진다는 것이고 딤후2:20-21절의 말씀과 같이 상황에 따라 분복이 바뀔 수가 있다는 것입니다.

딤후2:20: 큰 집에는 금 그릇과 은 그릇뿐 아니라 나무 그릇과 질그릇도 있어 귀하게 쓰는 것도 있고 천하게 쓰는 것도 있나니 21: 그러므로 누구든지 이런 것에서 자기를 깨끗하게 하면 귀히 쓰는 그릇이 되어 거룩하고 주인이 쓰심에 합당하며 모든 선한 일에 준비함이 되리라

실제로 민27:14절은 모세의 불순종으로, 삼상15:11절은 사울왕의 불순종으로 하나님이 정하여 놓으신 분복의 변화가 이스라엘 역사 가운데 생기게 됩니다.

민27:14: 이는 신 광야에서 회중이 분쟁할 때에 너희가 내 명령을 거역하고 그 물 가에서 내 거룩함을 그들의 목전에 나타내지 아니하였음이니라 이 물은 신 광야 가데스의 므리바 물이니라

삼상15:11: 내가 사울을 왕으로 세운 것을 후회하노니 그가 돌이켜서 나를 따르지 아니하며 내 명령을 행하지 아니하였음이니라 하신지라 사무엘이 근심하여 온 밤을 여호와께 부르짖으니라

우리는 성경에서 알고 있듯이 여호수아는 이스라엘 백성들을 가나안 땅으로 인도하는 지도자가 되어 가나안땅으로 들어갈 수 있는 분복이 아니었습니다. 이와 같이 다윗도 사울왕의 뒤를 이어 이스라엘의 왕이 될 분복도 아니었습니다. 그러나 모세와 사울왕의 원치 않은 불순종의 죄로 인하여 모세는 여호수아에게, 사울왕은 다윗에게 하나님께 받은 자신들의 분복이 위임되는 것을 알 수 있습니다.

이것은 하나님께서 본분에 맞는 분복을 주셨는데 본분에 맞는 사역을 하지 않고 하나님의 뜻에 어긋나는 불순종을 하므로 하나님께서 계2:4-5절의 말씀처럼 원래 계획을 수정하고 대비해 두신 두 번째 계획안으로 진행하신 것을 말해주고 있습니다.

> 계2:4: 그러나 너를 책망할 것이 있나니 너의 처음 사랑을 버렸느니라 5: 그러므로 어디서 떨어졌는지를 생각하고 회개하여 처음 행위를 가지라 만일 그리하지 아니하고 회개하지 아니하면 내가 네게 가서 네 촛대를 그 자리에서 옮기리라

이같이 분복은 본분과 다르게 보이는 현실에서 나의 행함으로 나의 믿음이 증명되는 것에서 불편한 감정이나 어려운 환경의 불안한 이성적 판단으로 하나님이 원치 않은 선택과 결정을 하여 모세도, 사울왕도 원하지 않은 결과를 초래한 것을 알게 합니다.

그러므로 부모는 부모의 신앙의 교육과 양육을 통해 자녀의 본분에 주어진 분복에 맞는 삶과 돕는 배필을 만나 결혼하게 할 수 있는 영적인 결혼에 대한 지혜와 지식을 갖출 수 있게 하는 것이 중요합니다.

자녀가 자신을 위한 잘못된 선택과 결정이 아닌 하나님을 위한 선택과 결정으로 빌4:11-13절의 말씀처럼 자신에게 주어진 분복의 삶과 생활이 가난하면 가난한 대로, 부유하면 부유한 대로 부모에게 이어받은 영적인 분복의 삶과 생활을 신앙으로 이해하고 믿음으로 순종하며 변함없이 충성할 수 있는 영적인 사역자의 마음가짐이 필요하기 때문입니다.

> 빌4:11: 내가 궁핍하므로 말하는 것이 아니니라 어떠한 형편에든지 나는 자족하기를 배웠노니 12: 나는 비천에 처할 줄도 알고 풍부에 처할 줄도 알아 모든 일 곧 배부름과 배고픔과 풍부와 궁핍에도 처할 줄 아는 일체의 비결을 배웠노라 13: 내게 능력 주시는 자 안에서 내가 모든 것을 할 수 있느니라

왜냐하면 결혼과 가정은 하나님께서 하나님이 원하시는 피조물의 나라와 세상을 이루시기 위하여 부모와 자녀에게 맡기신 하나님의 일이기 때문입니다.

그래서 하나님은 하나님의 사람들 각자에게 고전12:4-7절의 내용과 같이 서로 다른 역할적 기능을 주어서 하나님의 일에 맞는 본분과 분복을 주어 하나님의 일을 감당하게 하신 것을 자녀들이 분명히 알고 자신들에게 맞는 결혼을 준비할 수 있도록 하게 하여 자녀들이 앞으로 감당해야 할 부모가 받은 하나님의 사명을 출3:15절의 말씀처럼 아브라함에서 이삭으로, 이삭에서 야곱으로 믿음의 유업이 이어간 것처럼, 우리의 자녀들도 이처럼 이어갈 수 있도록 해야 합니다.

고전12:4: 은사는 여러 가지나 성령은 같고 5: 직분은 여러 가지나 주는 같으며 6: 또 사역은 여러 가지나 모든 것을 모든 사람 가운데서 이루시는 하나님은 같으니 7: 각 사람에게 성령을 나타내심은 유익하게 하려 하심이라

출3:15: 하나님이 또 모세에게 이르시되 너는 이스라엘 자손에게 이같이 이르기를 너희 조상의 하나님 여호와 곧 아브라함의 하나님, 이삭의 하나님, 야곱의 하나님께서 나를 너희에게 보내셨다 하라 이는 나의 영원한 이름이요 대대로 기억할 나의 칭호니라

이렇게 되어야 하는 이유는 오늘날의 부모도 신앙 안에서 자녀들의 믿음의 조상이 되어야 하기 때문입니다.

② 자녀양육의 기준

하나님이 부모에게 자녀를 주시는 이유와 목적은 하나님의 원하시는 피조물의 나라와 세상을 이루시기 위해서입니다. 그래서 결혼(창6:1-3)이 필요했고, 가정(창2:18-25)이 필요했으며, 사회공동체(창11:1-9)가 필요했던 것입니다. 그런데 중요한 것은 하나님이 원하시는 피조물의 나라와 세상을 이루시기 위하여 준비하신 이런 내용들이 자녀가 없으면 이룰 수 없게 된다는 것입니다.

다시 말해서 자녀가 없으면 결혼을 만들 필요가 없으며, 가정을 유지 할 수도 없으며, 사회적 공동체를 형성 할 수가 없습니다. 그래서 자녀는 결혼과 가정과 사회공동체를 과거에서도, 현재에서도, 미래에서도 이룰 수 있게 하는 핵심적인 역할을 하고 있는 것을 알 수 있게 합니다.

이것은 결혼과 관련된 사역에 있어서 그만큼 자녀의 중요성이 절대적인 것을 말해주고 있습니다. 왜냐하면 결혼의 현실은 부부이지만 결혼의 미래는 자녀이기 때문입니다.

그러므로 하나님이 원하시는 피조물의 나라와 세상을 만들어 가기 위해서는 하나님이 원하시는 결혼도 중요하지만 결혼 못지 않게 중요한 것은 하나님이 원하시는 결혼을 지속적으로 할 수 있게 할 수 있는 자녀들이 하나님이 원하시는 피조물의 나라와 세상을 이루어 갈 수 있는 결혼문화로 창1:31절의 말씀처럼 하나님께서 만족하실 수 있는 결과를 나타낼 수 있어야 한다는 것입니다.

창1:31: 하나님이 지으신 그 모든 것을 보시니 보시기에 심히 좋았더라 저녁이 되고 아침이 되니 이는 여섯째 날이니라

그래서 자녀양육이 중요합니다. 부모가 자녀를 하나님 중심으로 양육을 하느냐! 세상 중심으로 양육을 하느냐! 에 따라 하나님이 원하시는 결혼과 가정과 사회공동체를 이룰 수 있느냐? 없느냐? 가 결정될 수 있기 때문입니다.

첫 번째 부모가 받은 하나님의 사명을 중심으로 양육해야 합니다.

하나님이 부모에게 자녀를 주시는 이유는 하나님이 부모에게 준 사명 때문입니다. 이것은 하나님이 천지창조 하시면서 하나님이 인류를 창조하신 목적을 이루기 위하여 영적인 창조목적의 법적 제도(결혼, 가정, 사회공동체)를 만들어 진행할 만큼 상당히 중요한 하나님의 계획이자 뜻이었습니다.

이것은 하나님이 만드신 결혼을 중심으로 진행되는 과정의 일들로 관련된 삶과 생활을 말합니다. 이로 말미암아 하나님은 창조하신 인류에게 명령하시는 것이 있었습니다. 그것은 결혼으로 하나님이 원하시는 피조물의 나라와 세상(창1:26-28)을 만드는 것이었습니다.

이것이 하나님께서 인류에게 주신 첫 번째 지상명령이었는데 그 대상이 결혼하는 하나님의 사람(창2:21-25)들과 부부(마19:6)와 부모(신5:16)였습니다. 하나님은 이렇게 결혼하여 하나님의 가정을 이루며 가족관계를 형성하며 살아가는 피조물들에게 하나님

이 원하시는 피조물의 나라와 세상을 맡긴(마25:14-15) 것입니다.

그리고 이것을 이러한 상태로 계속 유지하며 성장시키기 위하여 하나님은 결혼하고 부부가 된 이들에게 자녀를 주시는 것이었습니다. 이것이 하나님이 원하시는 피조물의 나라와 세상의 시작이며 하나님이 부모에게 자녀를 주시는 분명한 목적입니다.

그래서 부모는 하나님이 자녀를 주시는 목적대로 양육할 수 있는 영적인 지혜와 지식을 가지고 부모 될 준비를 하고서 하나님이 부모에게 주신 사명 중심으로 자녀를 양육하여 하나님이 부모에게 맡기신 하나님의 일이 부모 대에서 끊어지지 않고 자녀 대에서도 연속적으로 계속 진행되게 하는 것이 부모에게 주어진 사명임을 알아야 합니다.

그렇습니다. 자녀양육에는 두 가지 기준의 사명이 있습니다.

하나는 결혼하게 되면서 부모가 받은 하나님의 사명입니다.
- 부모가 결혼하게 되면서 받은 하나님의 사명은 부모가 결혼하기 전에 내게 향하신 하나님의 계획과 뜻을 알고 서로 돕는 배필로 성장하게 되어 결혼으로 한 몸과 마음을 이루어 가며 세상에서 감당해야 할 하나님의 일을 말합니다.

또 하나는 부모가 되면서 감당해야 할 사명입니다.
- 부모가 되면서 감당해야 할 사명은 부모에게 주신 하나님의 사명을 완성하여 자녀에게 하나님의 기업이 되게 하고 자녀가 믿음의 유업으로 이어 나아갈 수 있게 하여 하나님이 주신 사명의

대를 잇는 것입니다.

이것이 하나님이 원하시는 하나님의 가정입니다.
그러므로 자녀양육에 있어서 가장 중요한 것은 부모가 받은 하나님의 사명을 자녀가 알게 하는 것이고, 부모가 받은 하나님의 사명을 중심으로 하나님의 사람으로 성장하게 하여 내가 원하는 돕는 배필이 아닌 하나님이 원하시는 돕는 배필과 함께 하나님이 원하시는 가정에 대한 사명 의식을 가지고 하나님이 원하시는 하나님의 가정을 이루게 하는 것입니다.

두 번째 자녀양육을 세상(자녀)중심으로 하면 안됩니다.
세상은 창3:1절의 들짐승 뱀의 유혹으로 발생한 선악과 사건 이후로 계12:9, 고후11:3절 등의 말씀과 같이 세상은 하나님을 등지며 피조물의 본분에서 벗어나는 불순종의 행위들을 가르치고 있습니다.

창3:1: 그런데 뱀은 여호와 하나님이 지으신 들짐승 중에 가장 간교하니라 뱀이 여자에게 물어 이르되 하나님이 참으로 너희에게 동산 모든 나무의 열매를 먹지 말라 하시더냐

계12:9: 큰 용이 내쫓기니 옛 뱀 곧 마귀라고도 하고 사탄이라고도 하며 온 천하를 꾀는 자라 그가 땅으로 내쫓기니 그의 사자들도 그와 함께 내쫓기니라

고후11:3: 뱀이 그 간계로 하와를 미혹한 것 같이 너희 마음이 그리스도를 향하는 진실함과 깨끗함에서 떠나 부패할까 두려워하노라

엡2:2: 그 때에 너희는 그 가운데서 행하여 이 세상 풍조를 따르고 공중의 권세 잡은 자를 따랐으니 곧 지금 불순종의 아들들 가운데서 역사하는 영이라

그래서 세상은 하나님 중심이 아닌 자녀중심적인 사랑, 행복, 출세, 축복 지향적으로 부모가 자녀 양육하는 것을 볼 수 있습니다.

이것은 자녀의 입장에서는 그럴 수 있다는 생각을 할 수 있지만 하나님의 입장과 하나님의 사명을 감당해야 하는 부모 입장에서는 해서는 안 될 자녀 양육입니다. 자녀를 위한 사랑, 행복, 출세, 축복 지향적으로 양육하는 것은 자녀가 잘되기를 바라는 부모의 마음은 이해되지만, 영적으로 이것은 자녀에게 자기 중심적인 사고관으로 피조물의 의식이 아닌 주인의식을 가지고 살아가게 하는 내용으로 하나님의 뜻이 아닌 자녀가 원하는 뜻대로 살고자 하는 의식을 갖게 되는 결과로 하나님을 등지며 하나님을 멀리하는 삶과 생활을 할 수 있게 한다는 것을 부모는 알아야 합니다.

그래서 부모는 내 자녀가 신앙과 믿음 안에서 하나님의 사람으로 성장하여 하나님의 복을 받아 잘되기를 바란다면 이 세상의 타락한 자녀 양육의 현실을 알고 세상 중심적이 아닌 성경 중심적으로 영적인 자녀 양육을 할 수 있어야 합니다.

성경에서 말하고 있는 영적인 자녀양육의 내용과 기준은 피조물의 본분을 중심으로 하는 정체성, 가치관, 본분, 분복의 내용과 부모의 뒤를 이어 믿음의 유업으로 감당해야 하는 부모가 하나님

께로부터 받은 하나님의 사명을 기준으로 하는 양육입니다.

이 양육은 인류에게서 하나님이 원하시는 피조물의 나라와 세상을 지속적으로 만들어 가기 위한 계획과 뜻에 의하여 만들어진 것입니다.

그러므로 부모는 부모와 자녀에게 하나님의 인류에 대한 계획과 뜻이 부모와 자녀 모두에게 주어진 하나님의 일임을 알고 부모는 자녀 중심적인 사랑, 행복, 출세, 축복 지향적이 아닌 요3:30, 마16:25, 마25:21절의 말씀처럼 하나님 중심적인 피조물의 본분에 맞는 사명, 사역, 헌신 지향적으로 가르쳐야 합니다.

요3:30: 그는 흥하여야 하겠고 나는 쇠하여야 하리라 하니라

마16:25: 누구든지 제 목숨을 구원하고자 하면 잃을 것이요 누구든지 나를 위하여 제 목숨을 잃으면 찾으리라

마25:21: 그 주인이 이르되 잘하였도다 착하고 충성된 종아 네가 적은 일에 충성하였으매 내가 많은 것을 네게 맡기리니 네 주인의 즐거움에 참여할지어다 하고

왜냐하면 잠시 잠깐이면 자녀가 성장하여 부모가 해야 했던 하나님의 사역과 사명을 감당하며 지금의 부모 때와 같이 자녀도 자신의 자녀에게 부모로부터 받은 하나님의 사명을 이룬 하나님의 가정을 자녀에게 믿음의 유업으로 이어갈 수 있도록 부모의 역할적 사명을 감당해야 하기 때문입니다.

그래서 부모는 자녀양육에 있어서 부모에게 주어진 사명자의 의식을 가지고 자녀들이 피조물의 본분에서 벗어나지 않도록 철저한 부모의 노력이 있어야 함을 잊어서는 안 됩니다.

이것이 요삼1:2절의 말씀같이 주안에서 영적으로 자녀가 잘되고 가정이 잘되는 하나님이 원하시는 자녀양육입니다.

> 요삼1:2: 사랑하는 자여 내 영혼이 잘됨 같이 네가 범사에 잘되고 강건하기를 내가 간구하노라

10) 하나님의 자녀의 과정
[1차. 거듭남(영적으로 변화된 의식, 영적사춘기)]

하나님 자녀의 과정은 영적인 믿음이 없던 자녀에게 영적인 믿음이 부모의 신앙교육과 영적인 체험을 통해 믿음이 생기는 과정으로 영적인 하나님의 존재와 예수님의 십자가 구원의 사역을 인격적으로 깨닫고 성령세례와 성령 충만으로 세상의 관점을 육적인 개념이 아닌 영적인 개념으로 이해하고 바라볼 수 있는 신앙의 눈이 고후5:17절의 말씀처럼 트여진 상태를 말합니다.

> 고후5:17: 그런즉 누구든지 그리스도 안에 있으면 새로운 피조물이라 이전 것은 지나갔으니 보라 새 것이 되었도다

예를 들어 내가 부모에게서 태어난 이유와 목적과 내가 왜? 이 땅에 존재하며 살아가야 하는 이유와 목적 그리고 내가 왜? 예수를 믿어야 하며 교회를 왜? 나가야 하는지에 대한 이유 등등 나

는 육적으로 태어났지만, 나는 영적인 삶의 중요성을 알고 영적으로 살아가야 한다는 신앙의 명분에 대한 영적인 목적의식이 분명한 상태를 의미한다는 것입니다.

그래서 세상적 지혜와 지식이 아닌 영적인 지혜와 지식으로, 결혼은 사람들이 육적으로 하는 것이지만 결혼의 의미는 하나님이 원하시는 피조물의 나라와 세상을 이루기 위한 영적인 것이라는 것과 예배는 사람들이 육적으로 모여 함께하는 모임이지만 예배의 의미는 눈에 보이지 않는 영적으로 살아계신 하나님을 섬기며 경외하는 영적인 모임이라는 것과 신앙생활은 육적으로 살아가는 삶과 생활을 말하지만 신앙생활의 의미는 우리의 주인이신 하나님의 영광을 위한 순종의 삶과 생활로 피조물의 본분의 의를 나타내고자 하는 영적인 삶이라는 것을 인지하고 마6:33절의 말씀처럼 하나님의 나라와 예수 그리스도의 의를 구하고자 하는 영적인 의식의 변화로 롬6:17-18절의 말씀과 같이 믿음이 없는 자에서 믿는 자로, 영적으로 신앙이 성장한 것을 알 수 있게 합니다.

> 마6:33: 그런즉 너희는 먼저 그의 나라와 그의 의를 구하라 그리하면 이 모든 것을 너희에게 더하시리라

> 롬6:17: 하나님께 감사하리로다 너희가 본래 죄의 종이더니 너희에게 전하여 준바 교훈의 본을 마음으로 순종하여 18: 죄로부터 해방되어 의에게 종이 되었느니라

이것은 하나님이 원하시는 하나님의 사람으로 거듭나게 하기

위한 성장 과정임을 알 수 있게 합니다.

결혼의 과정 8단계에서 하나님 자녀의 과정이 중요한 것은 막 4:30-32절의 말씀처럼 한 알의 씨앗이 땅에 심겨져 씨앗이 자라나는 과정과 같이 한 영혼의 생명이 하나님이 원하시는 사역자의 한 사람으로 이 땅에 세워져 가는 과정이기 때문입니다.

> 막4:30: 또 이르시되 우리가 하나님의 나라를 어떻게 비교하며 또 무슨 비유로 나타낼까 31: 겨자씨 한 알과 같으니 땅에 심길 때에는 땅 위의 모든 씨보다 작은 것이로되 32: 심긴 후에는 자라서 모든 풀보다 커지며 큰 가지를 내나니 공중의 새들이 그 그늘에 깃들일 만큼 되느니라

(1) 영적으로 변화된 의식(1차적 성장)

믿음이 없는 자에게 믿음을 갖게 하기 위한 가장 좋은 방법은 상황과 필요에 따라 다급하게 전하는 복음도 있을 수 있겠지만 좋은 관계를 유지하며 심리적으로 정서적으로 안정이 되었을 때 믿음의 본을 보이며 복음을 전하는 것이라고 말할 수 있습니다.

그렇다면 이 방법은 가정에서 더 효과적으로 활용할 수 있는 방법입니다. 왜냐하면 하나님이 부모에게 자녀를 주시는 목적이 이와 같기 때문입니다.

이것은 가정이라는 안정된 울타리 안에서 심리적으로, 정서적으로 가장 안정된 사랑의 공동체 관계 안에서 복음을 전할 수 있는 최상의 환경과 여건을 하나님께서 만들어 주신 것이기 때문입

니다.

그래서 부모는 하나님이 자녀를 주시는 목적을 신앙으로 이해하고 하나님께 받은 사명을 중심으로 신앙의 세습을 하는 과정에서 자녀가 무리 없이 안정적으로 하나님과 예수님에 대한 믿음을 가질 수 있도록 하는 것과 자녀에게 주어진 삶과 생활에 대한 역할과 사역을 영적으로 이해하며 인격적으로 받아들일 수 있도록 본을 보이며 가르쳐서 자녀가 부모를 통해서 하나님을 경험하게 하여 자녀가 영적인 신앙의 눈이 트이게 하여 신앙이 성장 할 수 있도록 하는 것이 중요합니다.

그리하면 잠22:6절의 말씀처럼 자녀가 늙어서도 자신의 마음에 새겨진 신앙에서 벗어나지 않을 것이기 때문입니다.

> 잠22:6: 마땅히 행할 길을 아이에게 가르치라 그리하면 늙어도 그것을 떠나지 아니하리라

① 부모가 만난 하나님에 대하여 자녀가 다 알아야 합니다.
자녀는 부모가 예수님을 믿기 시작한 전과 후에 대하여 알아야 합니다.
그래서 부모가 만난 하나님에 의해 변화된 삶과 생활이 무엇인지 신앙으로 정확히 인지할 수 있게 하여 자녀가 앞으로 만날 하나님에 대한 영적인 거부감이 아닌 기대감을 가질 수 있도록 해야 합니다.

이것은 살아가야 할 신앙의 삶과 생활이 저마다 주어진 본분과

분복에 따라 다르지만, 중요한 것은 하나님과 영적인 만남 안에서 공급받는 영성으로 빌4:12, 딤전6:5-10절의 말씀과 같이 있을 때나, 없을 때나 세상 유혹에 흔들리지 않고 자족할 수 있는 사역자의 영성이 필요하기 때문입니다.

빌4:12: 나는 비천에 처할 줄도 알고 풍부에 처할 줄도 알아 모든 일 곧 배부름과 배고픔과 풍부와 궁핍에도 처할 줄 아는 일체의 비결을 배웠노라

딤전6:5: 마음이 부패하여지고 진리를 잃어 버려 경건을 이익의 방도로 생각하는 자들의 다툼이 일어나느니라 6: 그러나 자족하는 마음이 있으면 경건은 큰 이익이 되느니라 7: 우리가 세상에 아무것도 가지고 온 것이 없으매 또한 아무 것도 가지고 가지 못하리니 8: 우리가 먹을 것과 입을 것이 있은즉 족한 줄로 알 것이니라 9: 부하려 하는 자들은 시험과 올무와 여러 가지 어리석고 해로운 욕심에 떨어지나니 곧 사람으로 파멸과 멸망에 빠지게 하는 것이라 10: 돈을 사랑함이 일만 악의 뿌리가 되나니 이것을 탐내는 자들은 미혹을 받아 믿음에서 떠나 많은 근심으로써 자기를 찔렀도다

이것은 자녀입장에서 우리 부모를 영적으로 깨닫게 하시고 변화시키신 하나님의 말씀, 기도, 찬양, 체험, 영적전쟁, 인도와 섭리 등등 근본적인 내용이 무엇인지 알아야 세상에서 영적인 삶과 생활의 의를 마7:7-8절의 말씀처럼 세상과 타협하지 않고 구할 수 있는 동기부여 역할을 할 수 있기 때문입니다.

마7:7: 구하라 그리하면 너희에게 주실 것이요 찾으라 그리하면 찾아낼 것이요 문을 두드리라 그리하면 너희에게 열릴 것이니 8: 구

하는 이마다 받을 것이요 찾는 이는 찾아낼 것이요 두드리는 이에
게는 열릴 것이니라

② 부모가 받은 하나님의 사명을 자녀가 정확히 알아야 합니다.

믿음이 없는 자녀에서 믿음을 갖게 되는 자녀로 성장하게 되어 하나님의 자녀로 성장하게 되는 결정적인 요인은 부모가 받은 하나님의 사명을 통해 우리 부모는 하나님의 사명을 받은 '하나님의 사람이다'라는 것과 하나님이 맡기신 하나님의 사명을 감당하고자 하는 부모의 영적인 삶과 생활이 무엇인지 정확히 알게 하여 자녀의 눈에서 보이지 않는 하나님이 살아계심과 하나님의 계획과 뜻대로 우리 부모의 삶과 생활을 주관하시고 계신다는 확신을 자녀에게 심어주어야 합니다.

자녀의 과정에서는 자녀에게 믿음을 갖게하기 위하여 부모가 가지고 있는 신앙을 중심으로 기초적인 신앙의 정체성, 가치관, 본분, 분복에 대하여 가르쳤다면 하나님의 자녀의 과정에서는 부모가 받은 하나님의 사명을 중심으로 감당해야 하는 사역중심적인 정체성, 가치관, 본분, 분복을 가르치면서 영적인 피조물의 본분에 준하는 사역자적인 신앙의 삶과 생활을 알아가며 단계적 성장이 필요한 시기이기 때문입니다.

이 말은 이제부터는 자녀에게 믿음을 갖게하기 위한 주입식 교육이 아닌 부모가 받은 하나님의 사명에 대한 동역자적 관계를 형성할 수 있는 사역자적 교육을 부모가 해야 한다는 말입니다.

그래서 부모가 받은 하나님의 사명을 자녀의 신앙의 삶과 생활로 받아들일 수 있도록 부모는 자녀에게 시32:8절의 말씀과 같이 사명의 본질적인 영적인 삶의 생활과 하나님의 사명을 감당해야 하는 사역의 실질적인 삶과 생활에 대하여 롬12:1-2절의 말씀처럼 자세히 알려 주어야 한다는 것입니다.

시32:8: 내가 네 갈 길을 가르쳐 보이고 너를 주목하여 훈계하리로다

롬12:1: 그러므로 형제들아 내가 하나님의 모든 자비하심으로 너희를 권하노니 너희 몸을 하나님이 기뻐하시는 거룩한 산 제물로 드리라 이는 너희가 드릴 영적 예배니라 2: 너희는 이 세대를 본받지 말고 오직 마음을 새롭게 함으로 변화를 받아 하나님이 선하시고 기뻐하시고 온전하신 뜻이 무엇인지 분별하도록 하라

③ 자녀는 자녀에게 주어지는 직분과 사명에 대하여 잘 알아야 합니다.

결혼문화 사역의 관점에서 보면 자녀는 부모에게서 태어나는 순간부터 부모가 받은 하나님의 사명 공동체로 여겨지게 됨을 받게 됩니다. 그것은 자녀가 부모세대와 같이 하나님이 원하시는 피조물의 나라와 세상을 이룰 사명의 연속성을 가지고 다음세대를 준비하기 위하여 하나님이 부모에게서 자녀를 태어나게 하셨기 때문입니다.

그래서 자녀는 부모에게서 태어나는 순간부터 '부모의 믿음의 유업을 이을 자'라는 직분과 부모가 받은 하나님의 사명을 부모

의 의무적인 신앙세습으로 물려받아 대를 이어야 하는 사역자적인 사명이 주어지게 되어 있는 것을 자녀는 신앙적으로 잘 알고 있어야 합니다.

왜냐하면 자녀의 삶은 부모에게 주어진 하나님의 사명을 위하여 하나님께서 준비하셨기 때문입니다.

그러므로 자녀가 가야 할 길과 해야 할 일은?

첫 번째 부모가 받은 하나님의 사명을 영적으로 이해하고 신앙적으로 받아들여 부모가 만난 하나님을 만나서 부모가 받은 하나님의 사명을 공감하며 영적인 실생활에서 벗어나지 않고 사명자의 사역자적인 삶을 믿음으로 준비하는 것입니다.

두 번째 시간이 되고 때가 되면 부모가 받은 하나님의 사명은 자녀의 사명이 되어 부모가 가던 신앙의 길을 자녀 자신이 가는 것으로 준비해야 합니다. 왜냐하면 부모는 하나님의 사역을 감당하기에는 기력이 점점 쇠약해질 것이기 때문입니다.

세 번째 지금은 내가 자녀이지만 나도 부모가 된다는 결혼문화에 대한 신앙의 사명적 의식을 가져야 합니다. 그래서 앞으로 해야 할 하나님이 원하시는 결혼과 같이 하나님이 원하시는 부모가 되기 위한 노력이 필요합니다. 나의 자녀도 나와 같이 부모의 신앙의 길을 가야 하기 때문입니다.

하나님이 준비하시고 준행하시는 하나님의 결혼문화사역은 하나님이 원하시는 피조물의 나라와 세상이 준비될 때까지 지속되기 때문입니다.

(2) 영적인 사춘기: 2차적인 성장

우리는 예전에 신앙생활의 경험을 비추어 볼 때 영적인 사춘기를 겪은 경험들이 있습니다. 이는 하나님과 영적으로 충분한 인격적인 만남의 부재와 영적인 지혜와 지식의 부족으로 발생하게 되는 신앙적 문제로 나타나게 되는 것을 알 수 있습니다.

이 영적인 사춘기는 세상에서 말하는 청소년의 사춘기와 같이 미성숙한 어린아이가 성숙한 성인으로 성장하기 위하여 심리적, 육체적, 정신적으로 성장하는 과정에서 어려움들을 겪는 것을 표현하는 말로서 성인이 되기 위해서는 반드시 거쳐야 하는 과정처럼 영적인 사춘기도 어린아이 신앙에서 믿음이 장성한 신앙으로 성장하는 과정에서 나타나게 됩니다.

이때와 시기는 저마다 다르지만 공통적인 것은 하나님의 은혜가 성령으로 충만할 때는 잘 모르다가 하나님의 은혜가 아닌 자신이 믿음으로 보이는 현실과 보이지 않는 영적인 현실의 차이를 가지고 신앙생활을 하는 가운데 나타나게 됩니다.

이때 조심해야 하는 것이 있는데 그것은 신8:2, 약1:14절에 말씀하시는 하나님의 시험과 세상의 미혹입니다. 이를 준비하지 않으면 세상에서 말하는 질풍노도(疾風怒濤)의 시기를 겪게 되면서 뜨거웠던 믿음이 식어지거나 시험에 들어 교회에 안 나가게 되는 모습들을 종종 보게 됩니다.

신8:2: 네 하나님 여호와께서 이 사십 년 동안에 네게 광야 길을 걷게 하신 것을 기억하라 이는 너를 낮추시며 너를 시험하사 네 마음이 어떠한지 그 명령을 지키는지 지키지 않는지 알려 하심이라

약1:14: 오직 각 사람이 시험을 받는 것은 자기 욕심에 끌려 미혹됨이니

이것을 하나님의 자녀의 과정에서 중요하게 생각하는 것은 믿음이 없는 자녀에서 영적으로 변화된 의식을 갖게 되면서 믿음을 갖게 된 것을 1차적으로 거듭난 성장으로 봅니다. 그리고 믿음이 장성한 하나님의 사람으로 성장하기까지 반드시 거쳐야 하는 필요한 과정이 있는데 이것이 바로 영적인 사춘기의 과정입니다. 이 과정을 안정적으로 성장해야 하나님의 사람으로 성장할 수 있기 때문입니다.

그래서 하나님이 원하시는 하나님의 사람으로 성장하는 것을 3차적으로 거듭난 성장이라고 한다면, 영적인 사춘기를 겪고서 하나님의 사람으로 성장할 수 있게 하는 과정을 2차적인 거듭난 성장으로 말할 수 있습니다.

이것은 예수님께서 마28:16-20절에 제자들을 모든 민족에게 복음을 전하기 위하여 파송하시기 전에 눅6:7-13절의 말씀을 보면 제자들을 둘씩 짝을 지어 먼저 1차적 파송을 보낸 후에 2차적으로 파송한 것을 알 수 있습니다.

예수님께서 주님의 사역을 전적으로 제자들에게 맡기시기 전에 먼저 제자들을 파송하여 복음을 전하는 현장의 분위기와 함께 영

적으로 부딪치는 경험을 하게 하고 난 후에 2차 파송을 하신 것을 볼 수 있습니다.

예수님께서 이렇게 하신 것은 잠시 후면 예수님께서는 제자들과 함께하실 수 없어 제자들이 신앙과 사명으로 홀로 설 수 있어야 하기 때문입니다.

그렇습니다. 하나님의 자녀에게 영적인 사춘기가 필요한 것은 신앙과 사명으로 자녀가 홀로 설 수 있어야 하기 때문입니다. 그러기 위해서는 신앙적, 사역적 훈련이 하나님의 자녀의 과정에 적용되므로 신앙과 현실 그리고 믿음과 불신 등에 대한 혼란을 겪게 되면서 때로는 신앙을 위한 가슴앓이와 인내를, 때로는 나의 편의를 위한 잘못된 선택과 결정을 하게 되면서 겪는 어려움들을 통해 신앙의 상, 하향 곡선을 또는 하향, 상 곡선을 그리며 성장하게 되는 과정을 거치면서 겔47:3-6절에 말씀하시는 것처럼 하나님이 나를 신앙의 훈련으로 인도하시며 하나님의 사람으로 성장케 하시는 것을 경험하게 됩니다.

> 겔47:3: 그 사람이 손에 줄을 잡고 동쪽으로 나아가며 천 척을 측량한 후에 내게 그 물을 건너게 하시니 물이 발목에 오르더니 4: 다시 천 척을 측량하고 내게 물을 건너게 하시니 물이 무릎에 오르고 다시 천 척을 측량하고 내게 물을 건너게 하시니 물이 허리에 오르고 5: 다시 천 척을 측량하시니 물이 내가 건너지 못할 강이 된지라 그 물이 가득하여 헤엄칠 만한 물이요 사람이 능히 건너지 못할 강이더라 6: 그가 내게 이르시되 인자야 네가 이것을 보았느냐 하시고 나를 인도하여 강 가로 돌아가게 하시기로

(3) 자녀는 영적인 사춘기를 위하여 준비해야 합니다.

우리 자녀들이 부모가 원하는 하나님의 사람으로 성장하는 것을 바라고 있다면 부모는 자녀에게 영적인 사춘기가 있음을 알려주어야 합니다. 그래서 자녀 스스로가 영적인 사춘기를 준비할 수 있도록 해야 합니다.

왜냐하면 자녀가 영적인 사춘기를 겪을 시기는 부모의 신앙에서가 아닌 하나님과 일대일의 만남에서 진행되는 과정이기 때문입니다. 그러므로 부모는 자녀가 어릴 때에는 믿음을 갖게 하기 위하여 자녀를 위한 복음과 신앙으로 양육하며 통제하고 조절하였다가 하나님의 은혜로 자녀에게 믿음이 생기게 되면 하나님의 자녀가 되게 하기 위한 복음으로 부모에게 자녀를 주시는 목적에 맞게 신앙세습에 대한 양육을 잘해야 합니다.

성경에 기록된 구약과 신약을 보면 하나님도, 예수님도 믿음이 없는 백성들에게 믿음을 요구하시기 전에 먼저 하나님과 예수님에 대한 신뢰와 믿음을 주시기 위하여 많은 기적과 능력과 치료를 보여주시고 하나님과 예수님에 대한 영적인 믿음을 갖게 하신 후에 자신들을 위한 육적인 믿음이 아닌 하나님이 원하시는 영적으로 거듭난 믿음을 요구하시는 내용들을 성경 곳곳에서 볼 수 있습니다.

그러므로 부모는 자녀를 내 품의 자녀로 계속 품고자 한다면 그 자녀는 하나님이 원하시는 하나님의 자녀로 성장할 수 없게 됩니다. 그 이유는 영적인 믿음으로 세상 앞에 홀로 설 수 있는 신앙의 힘이 부족하기 때문입니다. 자녀가 감당하기 힘들어 받아들이기 싫은 마음이 있어도 아브라함처럼 하나님을 믿고 하나님께 번제로 아들 이삭을 드리는 마음과 같이 자녀를 마19:14절의 말씀처럼 자녀가 영적인 사춘기를 잘 걸쳐 갈 수 있는 하나님과 일대일의 인격적인 만남을 기대하며 하나님께 맡기셔야 합니다.

> 마19:14: 예수께서 이르시되 어린 아이들을 용납하고 내게 오는 것을 금하지 말라 천국이 이런 사람의 것이니라 하시고

왜냐하면 자녀는 부모의 것이 아니고 다음세대의 하나님의 기업을 이을 자로 하나님께서 예비하신 하나님의 피조물이기 때문입니다.

성경에서 영적인 사춘기 하면 생각나는 사람이 있습니다.
그 사람은 우리가 잘 아는 "요나"입니다. 요나는 자신에게 주어진 하나님의 사명을 본인의 생각과 다르다는 이유로 하나님의 사명을 피해 하나님께서 가라 명하신 니느웨가 아닌 다시스로 가는 배를 타고 가다가 위험한 큰 폭풍의 재앙을 만납니다. 그래서 배에 탄 모든 사람들이 불안한 마음으로 바다의 큰 폭풍의 원인에 대한 제비뽑기를 하면서 "요나" 자신이 뽑히게 됩니다. 그러면서 자신에게 원인이 있음을 인정하고 바다에 던져지게 됩니다.

하나님은 이 과정에서 큰 물고기를 준비하시고 요나를 물고기 뱃속에서 삼 일을 있게 하신 후 요나를 육지에 토하게 하시면서 요나에게 니느웨로 가야 하는 사명의 당위성을 설명하시고 요나를 다시 니느웨로 가게 하셔서 하나님의 사명을 감당하게 하십니다.

우리는 여기서 요나가 영적인 사춘기의 과정을 볼 수 있습니다. 그것은 요나가 하나님의 선지자임에도 불구하고 하나님의 뜻보다 본인의 뜻을 우선으로 했다는 것입니다. 요나는 니느웨가 아닌 자신의 고국에 가고자 하였는데 하나님이 자신이 원하는 곳이 아닌 이방인이 있는 니느웨로 가서 복음을 전하라는 말씀에 불순종한 것입니다.

- 이것은 본인의 생각에 옳으면 순종하고 본인의 생각에 옳지 않으면 불순종하는 자기중심적인 선택과 결정입니다.

- 이에 반하여 사도 바울은 행16:6-7절의 말씀처럼 자신이 아시아에 가서 복음을 전하고자 하였으나 성령이 전하지 못하게 막으므로 자신이 원하는 곳이 아닌 성령이 인도하시는 곳으로 가서 복음을 전하는 사역중심적인 순종의 모습으로 성숙한 신앙인의 모습을 보여주고 있습니다.

> 행16:6: 성령이 아시아에서 말씀을 전하지 못하게 하시거늘 그들이 브루기아와 갈라디아 땅으로 다녀가 7: 무시아 앞에 이르러 비두니아로 가고자 애쓰되 예수의 영이 허락하지 아니 하시는지라

다행스럽게도 요나의 불순종 사건은 하나님의 뜻대로 좋은 결과로 마무리가 되었지만, 문제는 우리들의 가정에서 나타나는 자녀양육의 현실을 보면 자녀가 하나님의 유익이 아닌 자신의 유익을 위한 선택과 결정하는 삶에서 하나님과 일대일의 만남 안에서 요나와 같이 다시 하나님께로 돌아서서 하나님의 뜻에 순종하여 하나님의 자녀로 성장하는 과정을 보기가 어렵다는 것입니다.

왜냐하면 신앙에 대한 믿음을 가지고 있어도 하나님에 대한 나의 믿음이 진짜인지를 하나님이 시험하시는 것에 대하여 준비하지 않고 있다가 신앙에 대한 어려움과 갈등이 생겨서 신앙의 삶과 생활을 내려놓는 자녀들이 많기 때문입니다.

그러므로 부모는 내 자녀가 성령세례 받고 성령충만 받아서 신앙생활을 잘한다고 말하는 것도 좋지만 그보다 더 좋은 것은 우리 자녀가 영적인 사춘기에서 성장하여 하나님의 사람이 되었다고 말할 수 있는 것입니다.

그래서 부모는 하나님의 사람으로 성장한 신앙의 경험으로 자녀에게 심리와 정서적으로 안정된 가족관계 안에서 하나님께 받은 사명을 세습으로 양육하여 자녀가 하나님과 인격적인 만남과 교재를 갖게 하여 하나님에 대한 신뢰와 믿음을 높여주는 것이 중요합니다. 그래야 신앙에 대한 내면의 힘이 강해져서 하나님이 하시는 시험과 마귀의 유혹을 견뎌내며 이겨 낼 수 있기 때문입니다.

*영적인 결혼과 육적인 결혼 비교

특징 / 구분	영적인 결혼	육적인 결혼
결혼의 기준	하나님을 위하여, 하나님이 원하시는 피조물의 나라와 세상을 위하여	나를 위하여
하나님의 사람	내게 주신 사명을 알고, 주어진 사명으로 사역을 준비함	나를 위한 인간적인 사람
돕는배필	배필의 목적과 의미를 알고 연합을 준비한 자	서로 도움을 받고자하는 관계로 형성된 단계
배우자 만남	하나님의 인도와 섭리	나의 선택과 결정
배우자 선택	하나님의 뜻대로	나의 뜻대로
배우자 선별기준	하나님이 주시는 사명을 기준	나의 유익을 위한 기준
결혼의 방법	하나님의 방법(뜻에 맞게)	세상 기준
결혼	주신 사명을 배우자와 같이 이루기 위하여 하나님 앞에서 하는 언약식	둘만의 행복을 위한 언약식
부부	하나님의 첫 번째 사역자적 관계	내게 유익을 주는 관계

II. 본론 : 결혼의 과정

부모	하나님의 가정완성 자녀로 다음세대 준비	자녀를 책임지는 관계
조부모	자녀를 하나님의 자녀로 하나님의 사람으로 세워주는 사역자	생활 전선에서 책임과 도움에서 멀어진 세대
가정	결혼 시키신 목적과 계획이 진행되는 하나님의 가정	세상의 복을 기준으로 이루어진 세상의 가정
자녀	부모가 이룬 하나님의 사명과 유업을 이을 자	부모의 상속자
자녀양육	부모가 받은 하나님의 사명	자녀 중심(세상 중심)
결혼문화	씨족문화(공동체), 족보, 오늘날도 유지해야 함.	핵가족, 혼밥문화(개인)
부부싸움·이혼	절대금함	해도 된다.

III. 결 론

1. 성경에서 말하고 있는 하나님의 사역 결혼문화에 대하여 모든 신앙인은 한 번 이상 듣고 알아야 합니다.

1) 성경에서 말하고 있는 "결혼"에 대하여 모르고 있기 때문입니다.

한국교회 청년들과 자녀들은 하나님이 원하시는 결혼에 대하여 모르고 있습니다. 왜? 성경을 중심으로 가정에서 부모에게, 교회에서 목회자에게 교육을 받은 적이 없기 때문입니다.

그리고 더 아쉬운 생각을 하게 하는 것은 한국교회 청년들과 자녀들도 성경에서 말하고 있는 영적인 결혼에 대하여 알려 하거나 배우려 하지 않고 있다는 것입니다. 아마도 이것은 결혼이 영적으로 얼마나 중요한지? 그리고 왜 중요한지? 를 모르고 있기 때문이 아닌가 하는 생각을 해봅니다.

그런데 이것은 한국교회 청년들과 자녀들 뿐만의 문제가 아니라 부모세대와 목회자들도 같은 상황이기 때문에 "모두다! 한 번 이상은 듣고 알아야 합니다."

2) "영적인 결혼관"은 없고, 육적인 결혼관을 가지고 있기 때문입니다.

가정과 교회에서 영적으로 부족한 결혼에 대한 교육의 부재로 육적인 결혼관이 틈을 타고 들어오기 때문입니다.

엡4:27: 마귀에게 틈을 주지 말라

이것은 가정과 교회에서도 성경에서 말하고 있는 하나님이 원하시는 결혼에 대하여 부모의 부모 세대들을 걸쳐 오면서 모르고 있었기 때문에 어쩔 수 없는 상황이기는 하지만 아쉬운 것은,

하나님이 원하시는 영적인 결혼과 육적인 결혼의 차이를 잘 알고 가르쳐줘야 하는데, 영적인 결혼(결혼을 만드신 목적과 계획)에 대하여 모르는 상태에서 부모의 신앙과 세상 눈높이에 맞는 결혼에 대한 지혜와 지식 또는 경험한 내용들을 기준으로 하나님 중심보다는 자녀 중심으로 가르치려 하므로 인하여 마7:13-14절의 말씀과 같이 하나님이 원하시는 결혼의 길이 아닌, 하나님이 원하시지 않는 결혼의 길로 인도하고 있는 현실이 마15:14절의 말씀과 같이 보여지고 있다는 것이 더 큰 문제가 아닌가 하는 생각을 하게 합니다.

마7:13: 좁은 문으로 들어가라 멸망으로 인도하는 문은 크고 그 길이 넓어 그리로 들어가는 자가 많고 14: 생명으로 인도하는 문은 좁고 길이 협착하여 찾는 자가 적음이라

마15:14: 그냥 두라 그들은 맹인이 되어 맹인을 인도하는 자로다 만일 맹인이 맹인을 인도하면 둘이 다 구덩이에 빠지리라 하시니

예를 들어 말하자면
첫 번째 너희들이 원하는 배우자를 놓고 기도해라! 하나님이 응답해 주실 것이다.
이 말은 얼핏 들으면 맞는 말 같은데 이 말은 믿음이 있는 자가 아닌 믿음이 없는 자에게 해당하는 말입니다. 내 자녀가 믿음이 있는 하나님의 사람이라면 또는 자녀가 하나님이 원하시는 결혼을 하고자 한다면,..

성경에서 말하는 결혼의 목적(인류의 창조목적)에 대한 하나님의 뜻과 계획을 '이해'하고 내게 향하신 하나님의 계획과 뜻을 '알고' 하나님이 원하시는 하나님의 사람이 되기를 먼저 '기도'하고 하나님이 주신 사명으로 함께 연합하여 하나님이 원하시는 '결혼'으로 하나님이 원하시는 '가정'을 이룰 수 있는 배우자를 놓고 마6:33, 마7:7절의 말씀을 의지하여 '힘써 기도해라! 그리하면 하나님이 원하시는 응답으로 응답해 주실 것이다'라고 가르쳐 줘야 할 것입니다.

마6:33: 그런즉 너희는 먼저 그의 나라와 그의 의를 구하라 그리하면 이 모든 것을 너희에게 더하시리라

마7:7: 구하라 그리하면 너희에게 주실 것이요 찾으라 그리하면 찾아낼 것이요 문을 두드리라 그리하면 너희에게 열릴 것이니

그 이유는 성경에서 하나님이 원하시는 '부부(a married couple)'를 보면 내가 원하는 기도제목에 맞는 배우자가 아닌 하나님이 원하시는 사역에 맞는 배우자를 만나게 하시는 것을 알 수 있기 때문입니다.

- 아담에게 하와를, 마리아에게 요셉을, 호세아에게 고멜을

두 번째 많이 만나 봐라!
이것은 영성이 아닌 이성과 감성을 강조하는 말로서 영적인 생각보다는 자신의 유익을 위한 이성과 감성을 더 따르게 할 수 있는 것으로 영적인 가르침에는 적합하지 않은 말임을 알아야 합니다.

좋은 예로 창6:1-3절의 말씀을 보면 하나님의 아들들이 사람의 딸들과 결혼하는 사건이 나오는데 하나님의 아들들이 하나님이 원하시는 돕는 배필이 아닌 자신들이 원하는 배우자를 선택하고 결정하게 되면서 하나님의 아들들에게 있었던 하나님의 영이 하나님의 사람에게서 떠나시고 하나님의 사람들이 육의 사람으로 하향조정 되는 것을 알 수 있습니다.

창6:1: 사람이 땅 위에 번성하기 시작할 때에 그들에게서 딸들이 나니 2: 하나님의 아들들이 사람의 딸들의 아름다움을 보고 자기들이 좋아하는 모든 여자를 아내로 삼는지라 3: 여호와께서 이르시되 나의 영이 영원히 사람과 함께 하지 아니하리니 이는 그들이 육신이 됨이라 그러나 그들의 날은 백이십 년이 되리라 하시니라

이것은 하나님의 뜻대로 영으로 해야 할 영적인 결혼을 나의 유익을 위한 이성과 감성을 중심으로 하는 육적인 결혼을 하면 안 된다는 심각한 교훈을 주고 있음을 잊어서는 안됩니다.
이는 하나님의 영이 떠나실 만큼 상당히 싫어하시는 죄로 여기시는 것을 알 수 있기 때문입니다.

그래서 많이 만나봐라! 라는 말 보다는, 내 배우자를 보아서 알 수 있고 들어서 알 수 있는 영적인 지혜와 지식의 능력을 시32:8, 빌4:12-13절의 말씀과 같이 갖추어 '하나님이 네게 인도하여 주시는 배우자를 만나라!'라고 가르쳐주는 것이 옳습니다.

> 시32:8; 내가 네 갈 길을 가르쳐 보이고 너를 주목하여 훈계하리로다

> 빌4:12: 나는 비천에 처할 줄도 알고 풍부에 처할 줄도 알아 모든 일 곧 배부름과 배고픔과 풍부와 궁핍에도 처할 줄 아는 일체의 비결을 배웠노라 13: 내게 능력 주시는 자 안에서 내가 모든 것을 할 수 있느니라

세 번째 결혼하면 분가(分家)해라
①성경에서 말하는 가족제도는 씨족사회입니다.
성경에서 말하고 있는 가족제도는 신6:1-9절의 말씀에서 알 수 있듯이 3대(조부모, 부모, 자녀)로 설명하고 있습니다. 그리고 이러한 가족들이 흩어지지 않고 씨족을 형성하여 살아가고 있음을 알 수 있습니다.

그 이유는 하나님이 원하시는 결혼과 가정으로 하나님이 원하시는 피조물에 대한 나라와 세상을 이룰 수 있는 결혼문화와 가정문화를 형성해야 하기 때문입니다.

그러므로 결혼하면 분가해서 너희끼리 나가 살아라! 라고 하는 것은 하나님이 원하시는 피조물의 나라와 세상을 이루기가 어렵게 되므로 하나님이 원하시는 뜻이 아닙니다. 그렇게 하면 하나님이 원하시는 피조물의 나라와 세상을 이루지 마라! 라는 것과 같은 것이며, 결혼에 대한 하나님의 뜻에 불순종하라. 라는 말과 같은 의미인 것을 알아야 합니다. 그리고 한국교회 청년들과 자녀들이 또 하나 분명히 알아야 할 것이 있습니다.
결혼은 두 사람이 육체의 정욕을 즐기라고 하나님이 만드신 것이 아니라는 것입니다.

②결혼에는 하나님의 두 가지 사명이 있습니다.
첫 번째 결혼을 하게 하시는 목적을 이루는 것이고, 두 번째 이룬 목적을 자녀와 후손들이 믿음의 유업으로 대를 이어가게 하는 것입니다. 이렇게 해서 하나님이 원하시는 피조물의 나라와 세상을 이루고자 하신 것입니다.

그래서 하나님이 부모에게 자녀를 주시는 것이었고, 결혼해서 가정을 이루게 하신 것입니다. 그런데 결혼 후 분가를 해서 살라고 한다면 신앙은 있어서 신앙의 삶은 이어갈 수 있어도 하나님이 원하시는 결혼문화 사역에 대한 사역의 유업은 이어갈 수 없게 되므로 하나님이 원하시는 하나님의 가정으로 인정받기가 어렵게 됩니다.

결혼을 하게 되면 부모를 모시고 함께 사는 것이 결혼사역에 합당한 것이며 믿음의 대를 이어 그 가정에 향하신 하나님의 뜻과 계획이 착오와 문제없이 세대와 세대에 걸쳐 잘 이어갈 수 있도록 해야 합니다.

　그러므로 결혼의 핵심은 결혼하는 사람에게 있지 아니하고 결혼으로 하나님이 원하시는 피조물의 나라와 세상을 만들고자 하신 하나님의 계획과 뜻에 있음을 알아야 합니다.

3) 결혼으로 받을 수 있는 "복"에 대하여 모르고 있기 때문입니다.

　신앙이 없는 일반적인 청년들과 같이 한국교회 청년들도 결혼에 대하여 긍정적인 생각보다는 부정적인 생각을 많이 하고 있는 것으로 알고 있습니다. 이것에 대한 이유로는 여러 가지로 볼 수 있겠지만 가장 중요하게 느껴지는 것이 있는데 그것은 결혼에 대한 하나님의 "복"을 모르고 있기 때문으로 보여집니다.

　창1:28절에서 "하나님이 그들에게 복을 주시며"라는 말씀을 보면 하나님께서 인류에게 복을 주시기 위하여 결혼을 만드신 것을 알 수 있습니다. 이것은 구약시대에 예배를 잘 드리면, 신약시대에 예수님을 잘 믿으면 요삼1:2절의 말씀처럼 영, 육적으로 하나님의 복을 받을 수 있는 것을 알고 있습니다.

　　요삼1:2: 사랑하는 자여 네 영혼이 잘됨 같이 네가 범사에 잘되고
　　강건하기를 내가 간구하노라

　그런데 하나님이 원하시는 결혼을 하고 하나님이 원하시는 가

정을 잘 이루게 되면 하나님께로부터 받을 수 있는 영, 육적인 복에 대하여 한국교회 청년들과 자녀들은 잘 모르고 있는 것을 알 수 있습니다. 그래서 결혼과 관련된 삶과 생활에 관하여 피해 의식을 느낄 만한 일이 생기거나 그럴 것 같으면 부정적인 인식이 생겨서 벗어나려고 하는 의지가 강하게 나타나는 것을 볼 수 있습니다.

왜냐하면 나에게 유익한 만족과 보람 보다는 원치 않는 지속적인 희생과 헌신이 요구되는 현실에 대한 반감(反感)을 가지게 되기 때문입니다. 이것을 보아 우리가 또 하나 알 수 있는 것은 결혼과 관련된 삶과 생활들이 쉬운 일이 아니라는 사실입니다.

이것은 우리가 지금 하고 있는 예배에 대한 신앙의 삶과 생활 그리고 예수 그리스도의 믿음에 대한 신앙의 삶과 생활에서도 수고와 헌신이 따르므로 쉽지 않은 삶과 생활이라는 것을 알고 있지만 해야 한다는 사명과 의무감 또는 자원함으로 섬기고 있는 것을 알 수 있습니다.

그 이유는 하나님께로부터 받는 영적인 공급, 말씀의 깨달음, 물질의 복, 주님의 은혜, 성령충만 등으로 영적인 심령에 재충전의 동기부여를 얻을 수 있기 때문입니다.

문제는 결혼과 그에 관련된 삶과 생활에서도 이와 같은 하나님의 은혜와 충만한 심령의 복을 받을 수 있는 영적인 결혼관이 한국교회 청년들과 자녀들에게도 시급히 정립되어야 한다는 것입니다.

이것은 주님이 십자가를 지신 것에 대하여 제자들에게 눅 24:26절에 말씀하시는 것과 같이 하나님의 영광의 복을 받기 위하여 주님이 십자가를 지신 것을 설명해 주신처럼 한국교회 청년들과 자녀들도 하나님이 결혼을 만드실 때 준비하신 '영광의 복'을 받기 위하여 결혼을 할 수 있는 영적인 지혜와 지식을 갖출 수 있도록 해야 하기 때문입니다.

눅24:26: 그리스도가 이런 고난을 받고 자기의 영광에 들어가야 할 것이 아니냐 하시고

4) 결혼이 하나님의 "첫 번째 지상명령" 인 것을 모르고 있기 때문입니다.

성경을 보면 하나님께서 인류에게 네 가지 지상명령을 하신 것을 알 수 있습니다.
첫 번째의 지상명령은 결혼입니다(창1:26-28, 창2:21-25,..).
두 번째의 지상명령은 예배(성막)입니다
(신12:1-14, 레26:11-12,..).
세 번째의 지상명령은 구원입니다(마:28:19-20, 행16:31,.).
그리고 앞으로 있을 것으로 예상되는 네 번째의 지상명령은 어린양의 신부입니다(계19:7-9).

그런데 아쉬운 것은 한국교회 청년들과 자녀들은 두 번째와 세 번째, 네 번째의 지상명령에 대한 신앙 의식을 가지고 나름대로 열심 있는 신앙의 삶을 살아가려는 모습들을 볼 수 있는데 첫 번째로 주신 결혼에 대한 지상명령에 신앙 의식을 가지고 결혼의

삶과 생활을 하고자 하는 모습을 볼 수 없다는 것입니다.

창1:26-28절의 말씀을 보면 분명히 하나님께서 인류에게 지상명령으로 하나님께서 만드신 결혼의 삶과 생활로 하나님이 원하시는 피조물의 나라와 세상을 이루어 이끌어 갈 것을 명령하셨습니다.

그리고 하나님은 이 명령을 하나님이 원하시는 하나님의 일로서 피조물인 인류의 사명에 대한 사역으로 맡기신 것을 알 수 있습니다.

그런데 문제는 하나님이 원하시는 결혼과 가정으로 하나님이 원하시는 피조물의 나라와 세상을 하나님의 뜻대로 이루어 나가야 할 한국교회 청년들과 자녀들이 이에 대하여 모르고 있다는 것입니다.

많이 늦은 감은 있지만 지금이라도 하나님이 만드신 결혼에 대한 하나님의 지상명령을 깨닫고 하나님이 원하시는 결혼으로 하나님이 원하시는 뜻을 이루어 드리는 한국교회 청년들과 자녀들이 시급히 되어야 할 것입니다.

5) 우리가 받을 심판에 "결혼에 대한 심판"이 있기 때문입니다.

성경을 보면 우리가 하나님의 피조물로서 원하든 원하지 않던 우리는 전12:13-14절의 말씀처럼 행한 대로, 그리고 마7:21절의 말씀처럼 하나님의 뜻대로 심판을 받는 내용들이 있음을 알 수 있습니다.

전12:13: 일의 결국을 다 들었으니 하나님을 경외하고 그의 명령들을 지킬지어다 이것이 모든 사람의 본분이니라 14: 하나님은 모든 행위와 모든 은밀한 일을 선악 간에 심판하시리라

마7:21: 나더러 주여 주여 하는 자마다 다 천국에 들어갈 것이 아니요 다만 하늘에 계신 내 아버지의 뜻대로 행하는 자라야 들어가리라

그래서 우리가 받을 심판에 대하여 성경을 통해서 알아보면 세 가지의 일을 중심으로 받는 것을 알 수 있습니다.

이 세 가지 일의 심판의 내용은 하나님께서 창조시대, 구약시대, 신약시대를 준비하시면서 인류에게 맡기신 일들로 영적인 시대적 상황에 맞게 계획과 뜻을 세우시고 피조물인 인류에게 하나님이 원하시는 피조물의 나라와 세상을 이루고자 하신 것입니다.

첫 번째는 결혼의 일이며, 두 번째는 예배의 일(성막)이며, 세 번째는 예수 그리스도 구원의 일입니다.

이렇게 정해진 세 가지 일들 중에 한국교회 청년들과 자녀들은 두 번째의 예배에 대한 하나님의 계획과 뜻은 들어서 알고 있습니다. 그리고 이와 같이 세 번째의 예수 그리스도에 대한 하나님의 계획과 뜻도 들어서 알고 있습니다.

그런데 아쉽게도 한국교회 청년들과 자녀들은 첫 번째의 결혼에 대하여 하나님이 인류에게 정하신 결혼에 대한 하나님의 계획

과 뜻에 대하여 들은 적이 없습니다.

그래서 한국교회 청년들과 자녀들의 신앙의 삶과 생활에서는 하나님이 원하시는 결혼에 대하여 준비된 신앙의 삶과 생활의 모습이 보이지 않고 있는 것입니다. 그러므로 한국교회 청년들과 자녀들에게 분명히 알려 주어야 합니다.

그것은 하나님이 만드신 결혼으로 하나님이 원하시는 피조물의 나라와 세상을 이루어야 하는 결혼과 관련된 신앙의 삶과 생활이 있음과 이에 대한 결과의 책임의 여부를 하나님께서 물으실 것이라는 것을 알아야 하기 때문입니다.

2. 결혼의 문제점

하나님의 인도하심으로 하나님의 결혼문화 사역을 감당하면서 결혼문화 사역 중에서 가장 문제가 되는 것이 무엇입니까? 라는 질문을 받게 된다면 필자는 하나님이 원하시는 결혼에 대하여 알려면 신학적으로, 신앙적으로, 사역적으로 알아야 하는데 한국교회의 청년들과 자녀들이 가정과 교회에서 양육과 교육을 받지 못해서 하나님이 원하시는 결혼에 대하여 "모르고 있다"라는 것과 성경에서 잘 말해주고 있는 하나님이 원하시는 결혼에 대하여 스스로 알려 하거나 배우려고 노력하지 않고 결혼을 하고 있다는 것입니다.

그로 인하여 하나님이 원하지 않으시는 결혼과 관련된 삶과 생활들을 자초하며 살아가고 있다는 것입니다.

1) 잘못된 결혼관

신앙인들은 성경을 통해서 결혼을 하나님이 만드신 것을 모두가 알고 있습니다. 그러나 지금 우리가 하고 있는 결혼은 하나님이 인류를 창조하신 목적의 필요에 따라 만드신 결혼을 하나님의 뜻을 위함이 아닌 나의 뜻을 위한 결혼을 하고 있는 것이 오늘날 우리들의 모습입니다.

이러한 결혼은 창6:1-3절에 나오는 하나님의 아들들이 사람의 딸들과 결혼을 하게 되면서 영적으로 거룩했던 결혼이 육적으로 타락한 결혼이 되면서부터 인류사에 전해져 내려온 것으로 알 수 있는데 문제는 하나님이 보시기에 잘못된 이 결혼을 한국교회의 청년들과 자녀들 사이에서도 별로 가감 없이 받아들여지고 있는 것이 현실이라는 것입니다.

> 창6:1: 사람이 땅 위에 번성하기 시작할 때에 그들에게서 딸들이 나니 2: 하나님의 아들들이 사람의 딸들의 아름다움을 보고 자기들이 좋아하는 모든 여자를 아내로 삼는지라 3: 여호와께서 이르시되 나의 영이 영원히 사람과 함께 하지 아니하리니 이는 그들이 육신이 됨이라 그러나 그들의 날은 백이십 년이 되리라 하시니라

그래서 한국교회의 청년들과 자녀들의 결혼관을 보면 하나님이 원하시는 사명+믿음이 아닌 내가 원하는 배우자의 믿음에 세상 기준이 더해져 믿음+조건(학력, 직업, 환경, 여건) 등을 보며 배

우자를 찾고자 하는 청년들을 어렵지 않게 찾아볼 수 있습니다.

이것은 도움을 받고자 하는 배필이지 도움을 주고자 하는 돕는 배필이 아닙니다. 여기에 더하여 신앙의 선배 되시는 분들에게서 성경의 기준보다는 자신의 생각과 경험을 기준으로 '많이 만나서 사귀어 봐라,' 또는 '신앙생활을 잘하면 하나님의 은혜로 원하는 좋은 만남이 있을 거야'라는 등

하나님이 원하시는 영적인 결혼에 대한 정확한 메시지를 전해 주는 것이 아니라 잘되기를 바라는 막연한 신앙의 이야기와 내용으로 청년들에게 또는 자녀들에게 전하여 주다 보니 하나님이 원하시는 결혼을 준비하고자 했던 청년들과 자녀들은 자신들에게 들려준 내용들이 옳은 것인 줄을 알고 나의 유익을 위한 기도 제목으로 내가 원하는 배우자를 놓고 기도하며 결혼하고자 하는 것이 일반적인 과정으로 되어 버렸습니다.

그러나 이것은 하나님이 원하시는 결혼이 될 수 없음을 분명히 알아야 합니다.

왜냐하면 하나님이 원하시는 결혼에는 반드시 하나님이 결혼을 하게 하시는 '결혼의 목적과 결혼의 목적을 이루고자 하신 하나님의 계획'이 있어야 하기 때문입니다.

그래서 하나님이 원하시는 하나님의 가정이라는 사명을 이루기 위하여 결혼하여 부부가 되게 하신 것입니다.

그러므로 서로에게 주어진 결혼의 사명을 하나님의 뜻대로 이루기 위해서 서로 돕는 배필의 사역적 사명을 가지고 부부가 되어 힘써 한 몸과 마음으로 온전히 연합하여 하나님이 원하시는 가정을 이루어 하나님의 기업인(시127:3) 자녀에게 부모가 받은 하나님의 사명을 자녀가 믿음의 유업으로 이어받아 결혼할 수 있도록 하게 하여 결혼으로 하나님이 원하시는 피조물의 나라와 세상을 이루고자 하신 결혼에 대한 하나님의 뜻과 계획이 세대에서 세대로 이어져 갈 수 있도록 하는 것이 하나님이 원하시는 결혼이자 결혼을 만드신 목적입니다.

그래서 한국교회의 청년들과 자녀들이 하나님이 원하시는 결혼을 하고자 한다면 요3:3절의 말씀처럼 지금이라도 결혼은 나를 위해 한다는 "잘못된 착각의 주인의식"에서 벗어나서 결혼은 하나님을 위하여 해야 한다는 올바른 "영적인 피조물의 본분의식"을 갖고자 하는 노력이 필요합니다.

> 요3:3: 예수께서 대답하여 이르시되 진실로 진실로 네게 이르노니 사람이 거듭나지 아니하면 하나님의 나라를 볼 수 없느니라

그래야 육적으로 타락한 잘못된 결혼관이 영적으로 거룩한 결혼관으로 거듭날 수 있기 때문입니다.

2) 부부싸움

부부싸움의 정의는 "나의 욕구를 나의 남편이나 아내에게 관철(貫徹)시키려는 나의 의지"를 말합니다. 이것은 약1:5절의 말씀처

럼 부부싸움도 나의 유익을 위한 욕심을 이루려고 하는 의지에서 시작되기 때문입니다.

> 약1:15: 욕심이 잉태한즉 죄를 낳고 죄가 장성한즉 사망을 낳느니라

하나님의 사람에서 돕는 배필로 성장하여 결혼해서 부부가 되면 출애굽 한 이스라엘 민족을 하나님의 백성으로 거듭나게 하기 위하여 율법과 계명이 주어지듯이 결혼하여 부부가 되면 하나님이 원하시는 피조물의 나라와 세상을 이룰 수 있는 하나님의 가정을 이루시게 하기위하여 부부에게 창2:18절에 말씀하시는 돕는 배필의 역할적 사명이 서로에게 주어지는 것을 알 수 있습니다.

> 창2:18: 여호와 하나님이 이르시되 사람이 혼자 사는 것이 좋지 아니하니 내가 그를 위하여 돕는 배필을 지으리라 하시니라

하나님이 돕는 배필을 지으시는 목적은 분명합니다.

창1:26-28절에 말씀하신 인류에 대한 창조목적을 이루시기 위한 것입니다. 돕는 배필의 도움이 없이는 하나님이 원하시는 피조물의 나라와 세상을 만들 수가 없기 때문입니다.

> 창1:26: 하나님이 이르시되 우리의 형상을 따라 우리의 모양대로 우리가 사람을 만들고 그들로 바다의 물고기와 하늘의 새와 가축과 온 땅과 땅에 기는 모든 것을 다스리게 하자 하시고 27: 하나님이 자기 형상 곧 하나님의 형상대로 사람을 창조하시되 남자와 여자를 창조하시고 28: 하나님이 그들에게 복을 주시며 하나님이 그들에게

이르시되 생육하고 번성하여 땅에 충만하라, 땅을 정복하라, 바다의 물고기와 하늘의 새와 땅에 움직이는 모든 생물을 다스리라 하시니라

그러므로 부부에게는 창1:26-28절의 말씀을 중심으로 돕는 배필의 사역이 하나님이 원하시는 피조물의 나라와 세상을 이루시기 위한 지상명령으로 주어진 것을 알 수 있습니다. 그래서 결혼해서 부부가 되면 결혼 사역에 있어서 절대로 해서는 안 되는 것이 있는데 그것은 바로 부부싸움입니다.

결혼해서 부부싸움을 하면 안 되는 이유는?

(1) 하나님은 부부싸움이라는 것을 하나님이 원하시는 피조물의 나라와 세상을 만들려고 하는 결혼문화사역 안에 설정해 놓지 않으셨기 때문입니다.

결혼문화사역에는 하나님이 원하시는 피조물의 나라와 세상을 완성하기 위한 계획만 설정되어 있을 뿐 다툼으로 상처 입고 마음이 분열되어 하나님이 원하시는 피조물의 나라와 세상을 망가지게 할 수 있는 부부싸움을 계획하지 않으셨기 때문입니다.

(2) 부부싸움은 하나님이 원하시는 피조물의 나라와 세상을 이루기 위하여 만드신 돕는 배필의 관계로 맺어진 돕는 관계가 깨질 수 있기 때문입니다.

돕는 배필의 관계는 서로 돕는 관계로 만들어졌지! 나의 유익

을 위하여 고집하거나 나의 뜻을 관철시키기 위하여 요구하는 관계가 아닙니다. 그러므로 나의 유익을 위하여 남편이나 아내에게 나의 유익을 요구하는 것은 결혼 사역을 감당해야 하는 피조물의 본분 사역에서 벗어난 행위임을 알아야 합니다.

돕는 배필에게 주어진 결혼 사역의 의무 중에서 가장 중요한 것은 내가 무엇을 어떻게 도와야 하는지를 알고 함께 연합해 나아가는 것이며 나로 인하여 내 아내나 남편의 마음과 생각이 불편하거나 힘들어지게 되면 안 됩니다. 그것은 하나님이 말씀하신 돕는 배필이 아님을 알아야 합니다.

(3) 부부싸움은 결혼과 그에 관련된 삶과 생활들을 통해서 하나님이 원하시는 나라와 세상을 이룰 수 있는 하나님의 가정을 일평생 함께 연합하여 지어가는 과정을 멈추게 하는 것이 되기 때문입니다.

우리는 주변에서 건축을 하다가 건축에 문제가 생겨서 보기 흉하게 골격만 남겨두고 공사를 멈춘 공사 현장을 간혹 보게 됩니다. 부부싸움이 이렇습니다. 부부는 "결혼 사역을 통해서 하나님이 원하시는 피조물의 나라와 세상을 만들 수 있는 하나님의 가정이라는 건축물을 일생동안 연합하여 만들어 가는 과정"이 부부 사역입니다.

그런데 하나님의 가정을 만들어 가는 중에 부부싸움을 하게 되면 마음의 불일치와 단절로 하나님의 가정 공사가 중단되는 사태를 겪을 수밖에 없게 됩니다.

이것은 하나님이 절대로 원하시는 것이 아님을 분명히 알고 부부싸움을 하는 일이 없어야 할 것입니다.

(4) 부부싸움은 하나님의 기업에 막대한 손해이기 때문입니다.

결혼사역은 창1:26-28절의 말씀을 이루어 가는 사역으로서 부부싸움을 하게 되면 완성되지 않은 하나님이 원하시는 피조물의 나라와 세상을 멈추고 지연시키는 결과를 초래하는 것이 되므로 하나님의 입장에서는 하나님의 기업에 대한 막대한 손해를 보게 되는 것을 알아야 합니다.

예를 들어 회사 사장님이 유능한 직원 두 사람을 불러 두 사람에게 일을 맡기면서 이일은 회사의 중요한 일이니만큼 너희 둘이 서로 도와 함께 연합하여 일이 잘 진행될 수 있도록 일을 잘해주면 그 대가로 월급과 성과급을 올려 주겠다고 하면서 회사 일을 두 사람에게 맡겼는데 일은 안 하고 서로 싸우고 있는 모습을 사장님이 보았다면 뭐라 하실까요?

지금 둘이 싸워! 뭐! 그럴 수 있지 서로 다른 환경에서 살다가 만나서 일을 하려면 부딪칠 수 있지 그러면서 일을 배워 가는 거야! 라고 할까요?
아니면? 지금 너희 둘이 일을 안 하고 싸워! 너희 둘 때문에 회사의 손해가 얼마인 줄 알아! 이 일에 대한 책임은 어떻게 할 거야? 라고 한다면 전자일까요? 후자일까요?

(5) 부부싸움은 돕는 배필의 언약을 어긴 것이 되기 때문입니다.

돕는 배필로서 결혼하여 부부가 된다는 것은 '하나님이 만드신 결혼의 목적에 충실히 행하여 하나님이 원하시고 계획하신 것을 이루어 드릴 수 있도록 하겠다.'라는 하나님과의 언약임을 알아야 합니다.

피조물은 주인의 필요와 목적에 따라 창조되거나 만들어지면서 피조물 자신이 감당해야 할 역할에 맞는 일이 주어지게 됩니다. 그러면서 자연스럽게 주인과 피조물 간에 창1:26-28절의 말씀처럼 필요충분조건의 언약이 성사됩니다.

그래서 주인이신 하나님은 피조물로 인하여 만족하실 수 있는 하나님이 원하시는 피조물의 나라와 세상을, 피조물인 인류는 하나님의 뜻대로 하나님의 형상을 가지고 하나님이 예비하신 세상에서 번성하고 땅에 충만하여 정복하고 다스리며 누리는 삶과 생활을 할 수 있는 복을 받는 것입니다.

그러나 어리석은 부부싸움으로 돕는 배필의 언약을 어기게 된다면 하나님의 결혼사역을 통해서 주시고자 하시는 복을 받아 누릴 수 없게 되는 것을 알아야 합니다.

(6) 부부싸움은 약1:20절의 말씀처럼 하나님이 원하시는 하나님의 '가정에 대한 의' 또는 '결혼의 의'를 이룰 수 없게 되기 때문입니다.

약1:20: 사람이 성내는 것이 하나님의 의를 이루지 못함이라

우리는 모세가 가나안 땅에 들어가지 못한 이유를 민20:8-13절의 므리바 사건의 말씀을 통해서 잘 알고 있습니다.

민20:8: 지팡이를 가지고 네 형 아론과 함께 회중을 모으고 그들의 목전에서 너희는 반석에게 명령하여 물을 내라 하라 네가 그 반석이 물을 내게 하여 회중과 그들의 짐승에게 마시게 할지니라 9: 모세가 그 명령대로 여호와 앞에서 지팡이를 잡으니라 10: 모세와 아론이 회중을 그 반석 앞에 모으고 모세가 그들에게 이르되 반역한 너희여 들으라 우리가 너희를 위하여 이 반석에서 물을 내랴 하고 11: 모세가 그의 손을 들어 그의 지팡이로 반석을 두 번 치니 물이 많이 솟아나오므로 회중과 그들의 짐승이 마시니라 12: 여호와께서 모세와 아론에게 이르시되 너희가 나를 믿지 아니하고 이스라엘 자손의 목전에서 내 거룩함을 나타내지 아니한 고로 너희는 이 회중을 내가 그들에게 준 땅으로 인도하여 들이지 못하리라 하시니라 13: 이스라엘 자손이 여호와와 다투었으므로 이를 므리바 물이라 하니라 여호와께서 그들 중에서 그 거룩함을 나타내셨더라

모세는 하나님의 뜻대로 이스라엘 백성들과 출애굽하여 가나안 땅을 향해 가는 사역의 과정에서 물이 없어 자신에게 원망 불평하는 이들로 인하여 모세는 '하나님의 가르침'이 아닌 '자신이 분노한 감정'으로 반석을 두 번 치게 되면서 하나님의 거룩함을 나타내지 아니하는 실수를 하게 됩니다. 그 결과 모세는 하나님이 말씀하신 젖과 꿀이 흐르는 가나안 땅에 들어가지 못하게 됩니다.

이와 같이 결혼사역에 있어서도 하나님이 원하시는 피조물의 나라와 세상을 이룰 수 있게 하기 위한 하나님의 가정에 대한 가르침의 내용들이 있는데 부부가 하나님의 가르침의 내용을 따르지 아니하고 서로 성내면서 자신들의 유익을 위한 부부싸움을 한다면 이는 모세와 같이 결혼에 대한 하나님의 거룩함을 나타내지 아니하는 실수를 범하여 하나님이 만드신 결혼의 의를 퇴색되게 하는 결과를 초래할 수 있음을 알아야 합니다.

부부 사역에 있어 대립되는 의견은 있을 수 있지만 엡4:26-27절의 말씀처럼 부부 사역은 하나님이 원하시는 피조물의 나라와 세상에 직결되는 중요한 사명을 감당하기 위한 사역인 것을 알고 돕는 배필의 사역에 신10:12-13절의 말씀처럼 부부는 마음과 뜻을 다하여 부부 사역에 전심(全心)이어야 합니다.

> 엡4:26: 분을 내어도 죄를 짓지 말며 해가 지도록 분을 품지 말고 27: 마귀에게 틈을 주지 말라
>
> 신10:12: 이스라엘아 네 하나님 여호와께서 네게 요구하시는 것이 무엇이냐 곧 네 하나님 여호와를 경외하여 그의 모든 도를 행하고 그를 사랑하며 마음을 다하고 뜻을 다하여 네 하나님 여호와를 섬기고 13: 내가 오늘 네 행복을 위하여 네게 명하는 여호와의 명령과 규례를 지킬 것이 아니냐

(7) 부부싸움을 한 부부는 심적인 갈등과 마음의 상처로 마5:23-24, 롬12:1, 레22:22절 등의 말씀처럼 영적인 예배자로 합당하지 않게 되기 때문입니다.

마5:23-24절의 말씀을 보면 예배자로서 화목을 강조하고 있고 롬12:1절의 말씀은 영적 예배자로 흠이 없는 거룩한 산 제물이 되어 드려지는 것을 강조하고 있으며 레22:22절의 말씀은 제물로서 부적합한 예물에 대하여 경고하고 있음을 알 수 있습니다.

마5:23: 그러므로 예물을 제단에 드리려다가 거기서 네 형제에게 원망들을 만한 일이 있는 것이 생각나거든 24: 예물을 제단 앞에 두고 먼저 가서 형제와 화목하고 그 후에 와서 예물을 드리라

롬12:1: 그러므로 형제들아 내가 하나님의 모든 자비하심으로 너희를 권하노니 너희 몸을 하나님이 기뻐하시는 거룩한 산 제물로 드리라 이는 너희가 드릴 영적 예배니라

레22:22: 너희는 눈 먼 것이나 상한 것이나 지체에 베임을 당한 것이나 종기 있는 것이나 습진 있는 것이나 비루먹은 것을 여호와께 드리지 말며 이런 것들은 제단 위에 화제물로 여호와께 드리지 말라

이는 벧후3:14, 살전5:23절 등의 말씀에서와 같이 하나님은 하나님이 원하시는 예배를 위하여 영, 육적으로 점도 없고 흠도 없는 예배자들의 온전한 예배를 요구하시는 것이기 때문입니다.

벧후3:14: 그러므로 사랑하는 자들아 너희가 이것을 바라보나니 주 앞에서 점도 없고 흠도 없이 평강 가운데서 나타나기를 힘쓰라

살전5:23: 평강의 하나님이 친히 너희를 온전히 거룩하게 하시고 또 너희의 온 영과 혼과 몸이 우리 주 예수 그리스도께서 강림하실

때에 흠 없게 보전되기를 원하노라

그런데 부부싸움으로 인하여 화목한 관계가 깨지고 심적인 갈등으로 마음이 상한 상처를 가지고 예배를 드린다면, 그리고 마음의 상처가 회복되지 않은 상태에서 또 다투게 되어 마음에 더 큰 상처가 생겨서 상한 마음의 가슴앓이로 인하여 이전에 아물지 않았던 마음의 상처에 더 큰 상처로 마음에 멍이 들어 상한 심령으로 예배를 드린다면 하나님이 보시기에 거룩한 산 제물로 드려져야 하는 예물(예배자)로 적합하지 못한 것을 알아야 합니다.

그러므로 돕는 배필로서 결혼하여 부부사역을 하는 모든 이들은 "기대하되 기대하지 말라"라는 돕는 배필 사역의 본분에서 벗어나지 말고 항상 화목하고 좋은 관계를 유지할 수 있도록 항상 최선을 다하여야 합니다.
"기대하되 기대하지 말라"라는 말은 내 배우자가 잘되기를 바라되 내가 수고한 대가를 나의 유익을 위하여 바라지 말라는 것입니다.
이 말의 의미는 내 남편이나 내 아내에게서 나의 유익을 구하는 순간부터 부부싸움이 시작되기 때문입니다.

부부싸움을 한다는 것은?
돕는 배필로서 결혼하여 부부가 되어 가정을 이루어 살다 보면 때에 따라 원치 않게 의견대립이 생길 수 있습니다. 그렇다고 해서 부부싸움으로 이어져서는 안 됩니다. 왜냐하면 하나님이 원하시는 결혼사역에 있어서 부부싸움은 하나님의 사역을 돕는 배필이 아닌 하나님의 사역에 방해가 되는 배필로 하나님이 원하시는 피조물의 나라와 세상을 이룰 수 없는 부적합한 관계를 형성할 수 있기 때문에 하나님은 부부싸움을 금하고 있다는 것을 알아야 합니다.

그러므로 부부싸움을 하고 있다는 것은,..
결혼이 무엇인지? 돕는 배필의 역할이 무엇인지? 하나님의 가정이 무엇을 의미하는지? 를 모르고 있기 때문에 하는 것으로 알 수 있습니다. 하나님이 결혼을 만드신 목적에 대하여 안다면 절대로 싸울 수 없게 됩니다.

그 이유는 결혼에 대한 책임을 부부에게 물으실 것이기 때문입니다.
첫째 하나님께서 결혼을 만드신 목적에 맞게 순종하였는지 여부를 확인하시기 때문입니다.
-피조물의 본분에서 벗어난 행위를 점검하십시오.

> 전12:13: 일의 결국을 다 들었으니 하나님을 경외하고 그의 명령들을 지킬지어다 이것이 모든 사람의 본분이니라

둘째 하나님이 원하시는 결혼의 답을 찾으시기 때문입니다.
-하나님이 원하시는 피조물의 나라와 세상을 이룰 수 있는 하나님의 가정(천국의 가정, 화목한 가정)을 이루었는가? 확인하십니다.

> 갈6:10: 그러므로 우리는 기회 있는 대로 모든 이에게 착한 일을 하되 더욱 믿음의 가정들에게 할지니라

셋째 하나님께서 맡기신 하나님의 일(생명의 기업, 믿음의 유업)에 대한 평가를 받기 때문입니다.
- 하나님의 사역에 대한 결과를 확인하십니다(결혼목적, 자녀양육, 대물림).

시127:3: 보라 자식들은 여호와의 기업이요 태의 열매는 그의 상급이로다

고전6:9: 불의한 자가 하나님의 나라를 유업으로 받지 못할 줄을 알지 못하느냐 미혹을 받지 말라 음행하는 자나 우상숭배 하는 자나 간음하는 자나 탐색하는 자나 남색하는 자나 10: 도적이나 탐욕을 부리는 자나 술 취하는 자나 모욕하는 자나 속여 빼앗는 자들은 하나님의 나라를 유업으로 받지 못하리라

넷째 어린양의 혼인 잔치에 신부로서 적합한지를 확인하시기 때문입니다.
- 하나님이 보시기에 옳은 행실로 선악 간에 심판하십니다.

계19:7: 우리가 즐거워하고 크게 기뻐하며 그에게 영광을 돌리세 어린 양의 혼인 기약이 이르렀고 그의 아내가 자신을 준비하였으므로 8: 그에게 빛나고 깨끗한 세마포 옷을 입도록 허락하셨으니 이 세마포 옷은 성도들의 옳은 행실이로다 하더라

전12:14: 하나님은 모든 행위와 모든 은밀한 일을 선악 간에 심판하시리라

마7:21: 나더러 주여 주여 하는 자마다 다 천국에 들어갈 것이 아

니요 다만 하늘에 계신 내 아버지의 뜻대로 행하는 자라야 들어가리라

하나님께서 이렇게 하시는 것은,...

결혼과 관련된 삶과 생활들이 사람을 위한 일이 아니라 하나님께서 인류의 창조목적을 이루고자 하신 하나님의 일이기 때문입니다. 그래서 우리가 분명히 알아야 할 것은 결혼으로 이루고자 하신 하나님이 원하시는 피조물의 나라와 세상에 대한 하나님의 일을 피조물인 우리들에게 맡기셨다는 것입니다.

그러므로 부부싸움을 한다는 것은 마6:33:절의 말씀처럼 그의 나라와 그의 의를 그릇되게 행하는 것임을 알아야 합니다.

마6:33: 그런즉 너희는 먼저 그의 나라와 그의 의를 구하라 그리하면 이 모든 것을 너희에게 더하시리라

3) 결혼과 가족문화

오늘날 인류가정의 역사를 보면 씨족시대 → 원가족시대 → 핵가족시대 → 혼족(혼밥)시대로 구분할 수 있습니다.

첫 번째 씨족 시대는 원시사회에서 공동의 조상을 가진 혈연공동체를 말합니다. 두 번째 원가족 시대는 결혼 전 자기 자신, 부모, 형제자매로 구성된 원래의 내 가족을 말합니다. 세 번째 핵가족 시대는 결혼으로 맺어진 부부와 미혼의 자녀로 구성된 가족을 말합니다. 네 번째로 혼족 시대는 1인(single) 가구로 혼자 사는

사람 또는 그런 무리로 공통된 생활양식을 지닌 사람들이라는 뜻에 족을 합쳐서 만든 신조어를 말합니다.

그리고 이와 같이 혼밥(혼자 밥을 먹는 것), 혼영(혼자 영화를 보는 것), 혼술(혼자 술을 마시는 것) 등을 즐기며 살아가고 있는 이들을 가리켜 세상은 '코쿤족'(cocoon: 나 홀로 살아가는 족속을 뜻함)이라 합니다.

이 뜻은 누에고치를 의미하는 단어로 코쿤족은 껍데기 안에 틀어박혀 외부와 단절하여 자신만의 안락한 세계에서만 살아가는 누에고치와 같은 생활을 고수 한다. 하여 붙은 명칭입니다. 이러한 과정들을 시대적인 상황과 세상의 흐름대로 있는 그대로 받아들이고 인정하면 별다른 문제의식을 느낄 수 없습니다.

그러나 이것을 창1:26-28절의 말씀을 기준으로 하나님의 결혼문화 사역의 영적인 의미로 보면 결혼으로 생육하고 번성하여 땅에 충만하여 하나님이 원하시는 피조물의 나라와 세상을 이루고자 하신 내용에 반하는 것이 됩니다.

> 창1:26: 하나님이 이르시되 우리의 형상을 따라 우리의 모양대로 우리가 사람을 만들고 그들로 바다의 물고기와 하늘의 새와 가축과 온 땅과 땅에 기는 모든 것을 다스리게 하자 하시고 27: 하나님이 자기 형상 곧 하나님의 형상대로 사람을 창조하시되 남자와 여자를 창조하시고 28: 하나님이 그들에게 복을 주시며 하나님이 그들에게 이르시되 생육하고 번성하여 땅에 충만하라, 땅을 정복하라, 바다의 물고기와 하늘의 새와 땅에 움직이는 모든 생물을 다스리라 하

시니라

  그 이유는 성경에서 말하고 있는 결혼과 관련된 결혼문화사역의 가족문화는 하나님이 원하시는 피조물의 나라와 세상을 이룰 수 있는 씨족사회를 이루며 함께 모여 하나님의 문화를 형성하며 살아가도록 되어 있기 때문입니다.

  그래서 행2:46, 히10:25절의 말씀처럼 성전에 모이기를 힘쓰는 것과 같이 가정에서도 하나님의 영광을 위한 결혼과 관련된 신앙사역을 위하여 모이기를 힘써 하나님이 원하시는 가정사역을 중심으로 가족 모두가 우리 가정에 향하신 하나님의 계획과 뜻을 깨닫고 하나님이 원하시는 하나님의 가정을 이루는 것이 중요합니다.

    행2:46: 날마다 마음을 같이하여 성전에 모이기를 힘쓰고 집에서 떡을 떼며 기쁨과 순전한 마음으로 음식을 먹고

    히10:25: 모이기를 폐하는 어떤 사람들의 습관과 같이 하지 말고 오직 권하여 그 날이 가까움을 볼수록 더욱 그리하자

  그리고 부모세대를 이어 자녀세대들이 가정의 믿음의 유업을 이어 하나님이 원하시는 하나님의 가정을 이어갈 수 있도록 가족 모두가 힘을 모아야 합니다.

  왜냐하면 결혼으로 하나님이 원하시는 피조물의 나라와 세상을 이루는 가정을 이루는 것이 한 세대에게만 주어진 것이 아니라

가족 모두와 다음 세대에게도 사명으로 주어진 것이기 때문입니다.

그런데 아쉬운 것은 한국교회는 행2:46절의 말씀의 내용처럼 성도들에게 성전에 모이기에 힘쓰라고 합니다. 그러면서 청년들이 결혼하면 부모와 함께 모여 살지 말고 분가하여 흩어져 살 것을 권면하고 있습니다.

이것은 교회의 부흥을 위한 예배와 각종 모임에 참여를 독려하기 위해서는 도움은 될 수 있겠지만 가족신앙을 지키며 가정에 향하신 하나님의 뜻을 이루어 가야 하는 가정사역에는 바람직한 권면이 될 수 없음을 한국교회는 알아야 합니다.

그렇지 않아도 우리가 살아가는 세상과 사회문화는 오래전부터 하나님과 등지며 살아가는 것이 마치 옳은 것인 것처럼 씨족문화에서 분리 → 원 가족문화에서 분리 → 핵 가족문화에서 분리 → 혼족 문화순서로 유도되어 하나님이 원하시는 피조물의 나라와 세상을 이루어 가야 하는 결혼, 가정, 가족문화 사역이 완전히 분리 해체되는 수준까지 왔다는 문제의식을 느낄 수 있게 합니다.

혼족 문화 다음에 무엇이 올지는 모르지만, 중요한 것은 한국교회의 청년들과 자녀들이 이와 같이 반응하며 세상 결혼과 가족문화에 동조하며 따라가고자 하는 것을 돌이켜 하나님이 원하시는 결혼문화로 돌아올 수 있게 할 수 있는 영적인 하나님의 결혼문화 보급이 시급함을 느끼게 됩니다.

그러므로 늦었지만, 지금이라도 한국교회와 부모세대와 자녀세대들이 결혼과 가정에 대한 영적인 기준과 질서와 체계를 잡아가려는 노력과 운동이 절실히 필요함이 요구됩니다.

4) 삼포자(삼포세대) ~ 십포자(십포세대, 완포세대, 전포세대)

오늘날 많은 청년들이 삼(三)포자에서 십(十)포자까지 삶을 포기 하는 N포세대 이들이 많아지고 있다고 하는데 그 내용은 다음과 같습니다.

① 삼(三)포자(연애, 결혼, 출산)
② 사(四)포자(연애, 결혼, 출산, 집)
③ 오(五)포자(연애, 결혼, 출산, 집, 인간관계)
④ 육(六)포자(연애, 결혼, 출산, 집, 인간관계, 꿈)
⑤ 칠(七)포자(연애, 결혼, 출산, 집, 인간관계, 꿈, 희망)
⑥ 팔(八)포자(연애, 결혼, 출산, 집, 인간관계, 꿈, 희망, 건강)
⑦ 구(九)포자(연애, 결혼, 출산, 집, 인간관계, 꿈, 희망, 건강, 외모)
⑧ 십(十)포자(연애, 결혼, 출산, 집, 인간관계, 꿈, 희망, 건강, 외모, 생명)

*삼포세대란 2011년 경향신문의 기획시리즈 (복지국가를 말한다) 특별취재팀이 처음으로 사용한 신조어이다. 여기서 삼포세대라고 호명함으로써, 미래를 계획하는 것이 불가능한 청년들의 불안정한 사회적 위치를 조명하고자 했다.

이것은 청년들이 살아가는 삶의 현실에서 힘들고 어려워하는 청년들이 점점 많아지면서 자신에게 주어진 삶을 감당하기가 부담되어 원치 않게 하나하나 포기하게 되면서 자신의 생명까지 포기하려는 충격적인 현실의 내용으로 접하게 된 것입니다. 물론 자신들에게 놓여있는 문제들에 대하여 긍정적 의지를 가지고 적극적인 노력을 하지 않는 아쉬운 부분들도 많이 있지만,...

이러한 내용들에 대하여 필자에게 더 안타까운 마음으로 다가오는 충격적인 것은 세상의 많은 청년들이 자신들에게 주어진 환경과 여건 속에서 여러 가지로 원치 않게 포기하는 단계에서 삶과 생명을 내려놓고자 하는 상황에까지 왔음에도 불구하고 한국 교회와 청년들은 세상의 청년들에게 결혼과 그에 관련된 삶과 생활에 대하여 영적인 도움으로 선한 영향력을 주기보다는 오히려 믿음은 있지만 결혼에 대한 신앙의 삶과 생활을 몰라 기준 없이 세상의 청년들을 따라가려는 모습들이 보이고 있는 것이 지금의 현실이라는 것입니다.

세상의 청년들이 삼 포자에서 십 포자까지 진행되는 과정 중에서 가장 힘들고 어려워서 먼저 포기하려 했던 내용이 삼 포자(연애, 결혼, 출산) 입니다.

이것은 결혼과 직결되는 문제로 창1:26-28절에 하나님이 인류에게 주시는 결혼의 복을 받아 하나님이 원하시는 피조물의 나라와 세상을 이루게 하신 결혼의 복음이 전해지지 않아서 영적으로, 심적으로 점점 더 황폐해져 어려움을 겪고 있는 것이 아닌가? 하는 아쉬운 마음과 함께 삼 포자의 문제가 해결되면 또 다른 문제들은 부부가 서로 힘을 합하여 조금만 더 수고하고 애쓰면 해결이 가능한 것으로 보여집니다.

그런데 문제는 지금의 한국교회와 청년들이 마5:13-16절의 말씀처럼 결혼의 복음으로 세상에 소금이 되고 빛이 되어 결혼과 그에 관련된 삶과 생활들로 롬10:14절의 말씀처럼 세상의 청년들에게 본을 보이고 덕을 끼칠 수 있는 신앙의 역량이 보이지 않는다는 것입니다.

마5:13: 너희는 세상에 소금이니 소금이 만일 그 맛을 잃으면 무엇으로 짜게 하리요 후에는 아무 쓸 데 없어 다만 밖에 버려져 사람에게 밟힐 뿐이니라 14: 너희는 세상의 빛이라 산 위에 있는 동네가 숨겨지지 못할 것이요 15: 사람이 등불을 켜서 말 아래 두지 아니하고 등경 위에 두나니 이러므로 집 안 모든 사람에게 비치느니라 16: 이같이 너희 빛이 사람 앞에 비치게 하여 그들로 너희 착한 행실을 보고 하늘에 계신 너희 아버지께 영광을 돌리게 하라

롬10:14: 그런즉 그들이 믿지 아니하는 이를 어찌 부르리요 듣지도 못한 이를 어찌 믿으리요 전파하는 자가 없이 어찌 들으리요

그러므로 한국교회와 청년들에게 시급히 준비되어야 할 것이 있습니다. 그것은 예수 그리스도 구원의 복음과 함께 세상에 전해져야 할 결혼의 복음입니다.

그래서 예수 그리스도 십자가의 구속에 은혜의 사건으로 구원의 복에 대한 믿음의 삶과 같이 영적인 결혼의 은혜에 복(신앙)을 잃어버린 세상의 결혼문화에 하나님이 원하시는 영적인 결혼문화사역으로 세상의 청년들에게 하나님의 은혜에 복된 결혼의 삶으로 요8:32절의 말씀과 같이 신앙 안에서 보여지는 삶입니다.

요8:32: 진리를 알지니 진리가 너희를 자유롭게 하리라

세상에서 보여지는 일들로 우리가 알 수 있듯이 세상은 하나님이 예비하신 예수의 복음과 같이 결혼의 복된 길로 인도하는 것이 아니라 마7:13-14절의 말씀처럼 수많은 청년들을 진리의 길이 아닌 거짓의 길로 인도하려는 것으로 보여지고 있기 때문입니다.

마7:13: 좁은 문으로 들어가라 멸망으로 인도하는 문은 크고 그 길이 넓어 그리로 들어가는 자가 많고 14: 생명으로 인도하는 문은 좁고 길이 협착하여 찾는 자가 적음이라

†참고†

- 선악과 사건: 하나님의 영적인 가정이 깨지는 사건
- 하나님의 아들들과 사람의 딸들과의 결혼사건: 하나님이 원하시는 영적인 결혼이 깨지는 사건
- 바벨탑사건: 하나님이 원하시는 영적인 사회적공동체가 깨지는 사건
- 부부싸움의 사건: 돕는 배필의 관계가 깨지는 사건
- 이혼의 사건: 가정이 깨지는 사건
- 수간, 동성애사건: 하나님이 만드신 결혼자체가 깨지는 사건
- 트렌스 젠더와 논 바이너리사건: 남·녀 성별의 개념과 의미가 깨지는 사건
- 다음사건은: ?

에필로그(epilogue)

결혼은 한 세대에게만 주어진 지상명령이 아닙니다.

한 세대만으로는 하나님이 원하시는 피조물의 나라와 세상을 이룰 수 없기 때문입니다. 그러므로 결혼은 연속성을 가지고 지속적으로 하나님이 원하시는 피조물의 나라와 세상을 형성할 수 있는 결혼문화사역으로 하나님이 원하시는 피조물의 나라와 세상을 이루어 가야 하는 사역으로서 모든 인류에게 주어진 지상명령입니다.

이것은 창1:26-28, 신6:1-9절 등의 말씀에서 알 수 있듯이 하나님이 인류의 결혼으로 계획하시고 예비하신 하나님이 원하시는 피조물의 나라와 세상을 마28:20절에서 말씀하여 주시는 것처럼 "세상 끝 날까지" 하나님이 뜻대로 진행될 하나님의 일이라는 것입니다.

> 창1:26: 하나님이 이르시되 우리의 형상을 따라 우리의 모양대로 우리가 사람을 만들고 그들로 바다의 물고기와 하늘의 새와 가축과 온 땅과 땅에 기는 모든 것을 다스리게 하자 하시고 27: 하나님이

자기 형상 곧 하나님의 형상대로 사람을 창조하시되 남자와 여자를 창조하시고 28: 하나님이 그들에게 복을 주시며 하나님이 그들에게 이르시되 생육하고 번성하여 땅에 충만하라, 땅을 정복하라, 바다의 물고기와 하늘의 새와 땅에 움직이는 모든 생물을 다스리라 하시니라

신6:1: 이는 곧 너희의 하나님 여호와께서 너희에게 가르치라고 명하신 명령과 규례와 법도라 너희가 건너가서 차지할 땅에서 행할 것이니 2: 곧 너와 네 아들과 네 손자들이 평생에 네 하나님 여호와를 경외하며 내가 너희에게 명한 그 모든 규례와 명령을 지키게 하기 위한 것이며 또 네 날을 장구하게 하기 위한 것이라 3: 이스라엘아 듣고 삼가 그것을 행하라 그리하면 네가 복을 받고 네 조상들의 하나님 여호와께서 네게 허락하심 같이 젖과 꿀이 흐르는 땅에서 네가 크게 번성하리라 4: 이스라엘아 들으라 우리 하나님 여호와는 오직 유일한 여호와이시니 5: 너는 마음을 다하고 뜻을 다하고 힘을 다하여 네 하나님 여호와를 사랑하라 6: 오늘 내가 네게 명하는 이 말씀을 너는 마음에 새기고 7: 네 자녀에게 부지런히 가르치며 집에 앉았을 때에든지 길을 갈 때에든지 누워 있을 때에든지 일어날 때에든지 이 말씀을 강론할 것이며 8: 너는 또 그것을 네 손목에 매어 기호를 삼으며 네 미간에 붙여 표로 삼고 9: 또 네 집 문설주와 바깥 문에 기록할지니라

마28:20: 내가 너희에게 분부한 모든 것을 가르쳐 지키게 하라 볼지어다 내가 세상 끝날까지 너희와 항상 함께 있으리라 하시니라

그러므로 중요한 것은 사43:7절의 말씀과 같이 하나님이 인류의 창조목적을 위하여 만들어진 결혼의 목적을 이해하고 피조물

의 본분에 맞게 하나님이 원하시는 결혼으로 하나님이 원하시는 피조물의 나라와 세상을 이룰 수 있는 영적인 지혜와 지식을 갖추는 것이 중요합니다.

> 사43:7: 내 이름으로 불려지는 모든 자 곧 내가 내 영광을 위하여 창조한 자를 오게 하라 그를 내가 지었고 그를 내가 만들었느니라

마치 주일이 되면 비가 오나 눈이 오나 한국교회 성도들이 하나님의 뜻대로 주일성수 하기 위하여 어제도 오늘도 변함없이 교회 나와 섬기는 사역을 감당하며 순종하면서 하나님께 예배드리고자 하는 것처럼 결혼도 하나님의 뜻대로 순종하고자 하는 신앙의 의식이 있어야 하기 때문입니다.

그래서 오늘날 아주 많이 늦었지만, 시급히 요구되어야 하는 것이 있는데 그것은 바로 "결혼신학"입니다.

한국교회 성도들은 구약시대의 성막을 중심으로 하는 예배신학과 신약시대의 예수 그리스도를 중심으로 하는 구원신학에 대하여 신학적으로 신앙적으로 사역적으로 정립이 되어 있습니다. 그래서 주일이 되면 출20:8절의 말씀처럼 안식일을 거룩히 지키며 하나님의 영광과 뜻을 위하여 섬기는 교회에 나와서 예배와 믿음 그리고 구원과 전도사역을 애를 쓰며 수고하는 것을 엡4:11-12절의 말씀과 같이 마다하지 않습니다.

> 출20:8: 안식일을 기억하여 거룩하게 지키라

> 엡4:11: 그가 어떤 사람은 사도로, 어떤 사람은 선지자로, 어떤 사람은 복음 전하는 자로, 어떤 사람은 목사와 교사로 삼으셨으니
> 12: 이는 성도를 온전하게 하여 봉사의 일을 하게 하며 그리스도의 몸을 세우려 하심이라

반면에 창조시대의 결혼문화사역에는 마음을 다하고 힘을 다하여 하나님의 뜻대로 순종하는 모습을 찾아볼 수가 없습니다.

그 이유는 결혼신학에 대하여 예배, 믿음, 구원, 전도 등의 사역처럼 신학적으로, 신앙적으로, 사역적으로 정립이 된 것이 없기 때문입니다. 그러나 성경을 보면 우리는 분명히 알 수 있습니다.

성막을 중심으로 하는 구약시대의 예배도, 예수 그리스도를 중심으로 하는 신약시대의 구원사역과 같이, 가정을 중심으로 하는 창조시대의 결혼사역도 다! 같이 하나님께서 원하시는 피조물의 나라와 세상을 위하여 만드신 것인데,…

구약의 예배에 대한 신학과 신약의 구원에 대한 신학은 있어서 한국교회 성도들에게 가르쳐지고 있는 반면에 창조시대의 영성결혼에 대한 신학은 없어서 성도들에게 가르쳐 줄 수가 없다는 것입니다.

그리고 더 아쉬운 것은 성경에서 하나님이 원하시는 영적인 결혼에 대하여 가장 잘 나와 있는 곳이 창조시대인데 이에 대하여 학문적인 연구와 토의가 부족하다는 것과,…

창조시대와 구약시대에 대한 복음의 내용이 차이가 있음에도 불구하고 창조시대가 구약시대와 분리되지 않고 구약시대에 속하여 창조시대의 하나님이 원하시는 결혼사역과 가정사역이 성막을 중심으로 하는 예배사역에 축소되어 묻힌 듯 한국교회에서 하나님이 원하시는 예배사역에 비해 하나님이 원하시는 결혼사역은 잘 다루어지지 않고 있는 것이 오늘날 한국교회의 현실이라는 것입니다.

그 결과 현시대를 살아가는 한국교회의 청년들과 우리들의 자녀들은 하나님이 원하시는 결혼에 대하여 무지한 상태가 되어 하나님께서 내게 원하시는 결혼과 그에 관련된 삶과 생활에 대하여 질문을 하면 아무런 답변을 할 수 없는 상황에 이르게 되었다는 것입니다.

그래서 필자는 우리 한국교회의 청년들과 자녀들에게 시급히 다루어져야 할 것이 하나님이 원하시는 영적인 결혼에 대하여 이해하고 인지하여 하나님이 원하시는 '영적인 결혼과 가정을 이룰 수 있는 신학적인 정립이 필요하다.'라고 강조하는 것입니다.

왜냐하면 신학적으로 정립이 되어야 하나님의 뜻에 순종하고자 하는 신앙의 의식으로 신앙이 성장하면서 신앙과 믿음으로 감당하고자 하는 섬김의 사역을 하나님 뜻대로 피조물 본분의 자유의지(사명감)를 가지고 행할 수 있기 때문입니다.

창조시대의 결혼사역을 중심으로 하는 결혼문화사역에 대한 내용을 통해서 알 수 있듯이 하나님께서는 결혼을 그냥 만드신 것이 아닙니다. 그리고 피조물인 인류에게 육체의 정욕을 즐기라고 결혼을 만드신 것은 더욱더 아닙니다.

창조시대의 결혼사역에는 구약의 예배와 신약의 예수 그리스도 구원의 목적과 같이 영적으로 하나님이 원하시는 피조물의 나라와 세상을 만들고자 하신 하나님의 분명한 계획과 목적에 대한 뜻이 피조물인 인류에게 영적으로 거룩한 신앙의 가치의 복으로 주어졌습니다.

그런데 지금 우리는 결혼신학의 부재로 인하여 놓치고 있는 영적인 결혼에 대한 신앙의 가치의 복과 함께 지상명령으로 주어져 있는 하나님이 원하시는 영적인 결혼사역에 대하여 모르고 있었지만 롬10:14-15절의 말씀처럼 우리는 곧 이 영적인 사실(지상명령)에 대하여 성경의 말씀을 중심으로 전하는 하나님의 사역 결혼문화 책으로 인하여 "하나님이 원하시는 결혼" 또는 "성경에서 말하고 있는 결혼"에 대하여 알아 가는데 도움이 되기를 바랍니다.

> 롬10:14: 그런즉 그들이 믿지 아니하는 이를 어찌 부르리요 듣지도 못한 이를 어찌 믿으리요 전파하는 자가 없이 어찌 들으리요 15: 보내심을 받지 아니하였으면 어찌 전파하리요 기록된 바 아름답도다 좋은 소식을 전하는 자들의 발이여 함과 같으니라

필자도 하나님께서 원하시는 결혼과 관련된 삶과 생활에 대하여 깨닫게 하시는 인도와 섭리가 없었다면 지금의 청년들과 마찬가지로 결혼이 중요한 것은 알겠는데 왜? 중요하며, 얼마나 중요

한지를 모른 상태에서 영적인 결혼을 어떻게 이해하고 받아들여서 결혼의 삶을 살아가야 하는지에 대해서는 아무것도 모른 채 믿음은 있어서 입술로는 하나님이 원하시는 결혼을 말하지만 실제로는 나의 유익을 위한 이성과 감성의 결혼을 했을 것을 생각해 봅니다.

그러나 하나님의 은혜로 시32:8절의 말씀처럼 하나님께서 필자의 갈 길을 가르쳐 보이시고 주목하여 훈계하여 주시는 과정에서 하나님이 원하시는 결혼사역의 말씀들을 체험하며 깨닫게 하시는 가슴앓이와 거듭되는 훈련으로 서게 된 사역의 길이 결혼문화사역자의 길임을 알게 되었습니다.

여러모로 부족하지만, 필자는 하나님께 감사하며 보내심을 받은 자는 보내신 이의 말씀만 전한다는 피조물의 본분의 의식(롬 10:14-15)을 가지고 결혼으로 하나님이 원하시는 피조물의 나라와 세상을 이루고자 하신 하나님의 사명을 가지고 결혼문화사역자의 길을 가고자 합니다.

> 시32:8: 내가 네 갈 길을 가르쳐 보이고 너를 주목하여 훈계하리로다